Au-delà de l'esprit

# FEVZI H.

# AU-DELÀ DE L'ESPRIT

## Conscience, Temps et Limites de la Réalité

2025

## Au-delà de l'esprit

Fevzi H.

# CONTENU

# À propos de l'auteur

Je suis Fevzi H., penseur et auteur possédant une connaissance approfondie des sciences et de la philosophie, et explorant des concepts multidisciplinaires. Interrogeant les frontières entre les mondes physique et métaphysique, je poursuis un voyage intellectuel pour comprendre la nature universelle de la conscience. Depuis des années, je mène des recherches sur des sujets tels que la conscience, la mécanique quantique, les univers parallèles et l'intelligence artificielle, combinant théories scientifiques et approches philosophiques pour approfondir les complexités de l'esprit humain.

Dans mes écrits, je présente des idées radicales sur la nature de la conscience et son lien avec l'univers. En examinant non seulement les données scientifiques, mais aussi le patrimoine intellectuel de l'humanité, je souhaite offrir à mes lecteurs de nouvelles perspectives. Mon style d'écriture s'articule autour de la simplification de théories complexes et d'un langage propice à la réflexion approfondie.

Chacun de mes ouvrages invite le lecteur à franchir une nouvelle étape vers la découverte des mystères de l'univers et de la conscience. En alliant la pensée scientifique moderne à la recherche philosophique, j'offre des perspectives innovantes et stimulantes sur la nature de la conscience et ses liens universels.

# Préface

Les questions entourant le temps, la concentration et les profondeurs de l'univers comptent parmi les plus anciennes curiosités de l'humanité. Pendant des siècles, ces mystères ont captivé scientifiques, philosophes et penseurs, chacun proposant des théories pour tenter de les élucider. Cependant, la relation complexe entre le temps et la connaissance n'a jamais été pleinement comprise. Chaque approche de ces principes offre une perception totalement unique du fonctionnement de l'univers, de la vie humaine, de la mortalité et de notre place au sein de celui-ci.

Ce livre numérique nous invite à explorer la nature du temps, son interaction avec la reconnaissance et la manière dont ces concepts ont façonné les récits humains. Chaque chapitre explore des points de vue, des théories et des phénomènes distincts, offrant au lecteur l'occasion de comprendre le lien complexe entre conscience et temps. À travers la recherche de réponses à des questions qui repoussent les limites de l'esprit humain, découvertes scientifiques, perspectives religieuses et approches philosophiques se tissent entre elles.

Comprendre que le point n'est pas seulement un phénomène physique, mais qu'il est aussi profondément lié à la concentration aura de *profondes implications pour les individus et les sociétés. En explorant de nombreuses théories, points de vue et études, cette œuvre vise à remettre en question l'influence du temps et de la conscience sur l'existence humaine, tout en s'interrogeant sur la nature infinie de l'univers et sur la place de l'humanité en son sein.*

*Chaque page de ce livre est une exploration, invitant le lecteur à réfléchir à la nature éphémère du temps, aux profondeurs de la conscience et au sens ultime de l'univers. Cette exploration, bien qu'ancrée dans des connaissances théoriques, cherche à inspirer une prise de conscience intérieure, encourageant le lecteur à s'interroger sur les limites du temps, l'évolution de la conscience et l'avenir de l'humanité. De telles réflexions peuvent également nous conduire à une quête d'information plus profonde.*

# CHAPITRE 1

## L'origine de la conscience et de la perception du temps

## 1.1 Comment percevons-nous le temps ? L'influence de la conscience sur le temps

Le temps est une notion que l'humanité tente de cerner, de mesurer et de comprendre depuis des millénaires. Si le temps peut être considéré comme une grandeur scientifique et objective en physique, notre perception est profondément subjective, régie par les subtilités du cerveau et de ses stratégies cognitives. La question de notre perception du temps ne se limite pas à la dimension physique, mais implique l'interaction entre la conscience, l'attention, la mémoire et les états émotionnels.

Fondamentalement, la notion de temps est une construction mentale, façonnée par nos processus neuronaux internes et notre environnement extérieur. Si nous percevons le temps comme un flux régulier et mesurable – des secondes s'écoulant sans interruption – notre cerveau ne le perçoit pas de manière uniforme. Au contraire, il est perçu différemment selon divers facteurs cognitifs, émotionnels et physiologiques. En observant nos perceptions du temps, nous constatons que le temps n'est pas une quantité simple et fixe ; c'est plutôt quelque chose que notre esprit interprète, modifie et ajuste activement en fonction de nos émotions, de nos centres d'intérêt et des conditions de notre environnement.

Par exemple, lorsque nous sommes occupés à quelque chose d'excitant, le temps a tendance à sembler passer vite. Ce phénomène, souvent appelé « le temps passe vite pendant qu'on rit », se produit parce que notre cerveau est totalement absorbé par l'instant présent, ce qui nous fait perdre conscience du temps qui passe. À l'inverse, lorsque nous nous ennuyons ou sommes perturbés, le temps peut sembler s'étirer, notre esprit devenant hypersensible à chaque seconde qui passe, ce qui lui donne une impression de longueur.

L'attention joue un rôle essentiel dans notre perception du temps. Lors d'expériences sur la perception du temps, des chercheurs ont observé que lorsque nous sommes concentrés sur une tâche, la perception du temps tend à se brouiller et que le temps peut sembler accéléré ou ralenti. C'est particulièrement vrai dans des activités comme la lecture d'un livre, la participation à une conversation intéressante ou la réalisation d'une tâche complexe. Dans ces cas, la durée perçue peut indiquer que quelques minutes seulement se sont écoulées, mais la perception subjective peut aussi s'étendre sur des heures ou de simples instants, selon le niveau d'engagement.

À l'inverse, lorsque nous sommes moins impliqués et que notre intérêt s'égare, le temps peut sembler long. Cela se produit parce que nous ne sommes pas pleinement présents à l'instant présent, ce qui permet à notre esprit de se concentrer sur le tic-tac de l'horloge plutôt que sur la tâche à accomplir, amplifiant ainsi la sensation du temps qui passe.

Notre perception du temps est également intimement liée à la mémoire. La façon dont nous nous remémorons des événements passés peut radicalement modifier notre perception du temps. Par exemple, le passage du temps lors d'un événement particulièrement intense ou émotionnel – qu'il s'agisse d'une expérience intense ou d'un moment de plaisir intense – peut sembler condensé ou étiré, selon l'intensité émotionnelle du moment. De même, lorsque nous repensons à des événements passés, notre perception subjective du temps peut paraître déformée selon la façon dont nous catégorisons et oublions ces souvenirs. Un événement qui semblait long et épuisant sur le moment peut paraître court et fugace avec le recul, et inversement.

La fonction de la mémoire dans la notion de temps a des implications cruciales pour la conscience de l'expérience elle-même. Notre perception de la continuité – notre façon de comprendre le moment présent comme lié à l'au-delà et au destin – repose fortement sur la capacité de l'esprit à former des souvenirs. Ces souvenirs agissent comme des marqueurs qui créent un sentiment de cohérence temporelle. Sans mémoire, notre perception du temps pourrait être fragmentée et décousue, car nous n'aurions aucun moyen de relier les événements passés à notre présent.

Les émotions jouent également un rôle essentiel dans notre perception du temps. Notre état émotionnel peut modifier notre perception intérieure du temps, l'accélérant ou le ralentissant. Dans les états d'émotion intense, comme l'inquiétude, l'anxiété ou l'excitation, le temps a tendance à sembler s'écouler plus lentement. Il s'agit d'un mécanisme adaptatif qui nous permet d'analyser plus précisément les données sensorielles lors des moments d'imprévu ou d'émotion intense. À l'inverse, lorsque nous ressentons de la satisfaction, du calme ou du contentement, le temps semble souvent passer plus vite. C'est pourquoi les vacances, par exemple, peuvent sembler filer, tandis que les moments de tristesse peuvent aussi sembler s'éterniser.

L'influence émotionnelle sur la notion de temps n'est pas seulement anecdotique : elle a été observée dans des contextes naturels et expérimentaux. Des recherches sur les états émotionnels ont démontré que les êtres humains soumis au stress ou à l'excitation ressentent un temps subjectif plus lent, même lorsque les mesures objectives ne reflètent pas cette variation. Ce phénomène, appelé « dilatation du temps », est particulièrement évident dans les situations de peur ou de danger, où l'état de vigilance accru du cerveau entraîne une conscience accrue qui donne l'impression que le temps est plus long. Dans ces moments, le cerveau semble traiter davantage d'informations cohérentes avec l'unité de temps, ce qui crée la sensation que le temps s'étire.

La capacité du cerveau à percevoir le temps repose sur plusieurs circuits et processus neuronaux clés. Les recherches en neurosciences ont mis en évidence l'interaction complexe entre les différentes régions cérébrales impliquées dans le traitement des données temporelles. Parmi celles-ci figurent le cortex préfrontal, responsable des fonctions cognitives supérieures telles que la sélection et l'intérêt, et les noyaux gris centraux, qui jouent un rôle important dans la régulation du flux des activités motrices et de l'estimation du temps.

L'une des découvertes les plus fascinantes de la recherche sur la perception du temps est la découverte que le cerveau possède sa propre « horloge interne ». Cette horloge n'est pas une horloge corporelle comme celles que nous utilisons pour mesurer le temps de manière externe, mais un ensemble de mécanismes neuronaux qui aident le cerveau à évaluer le passage du temps. On pense que le cortex préfrontal et les noyaux gris centraux fonctionnent ensemble pour mesurer les durées, et des perturbations de ces structures, notamment dues à des troubles neurologiques, peuvent entraîner une perception anormale du temps. Les personnes atteintes de la maladie de Parkinson, par exemple, éprouvent souvent des difficultés à percevoir le temps, car la maladie affecte les noyaux gris centraux et perturbe les mécanismes habituels de mesure du temps.

Le temps, tel que nous l'apprécions, s'inscrit également dans la notion philosophique plus large de « présentisme » – la perception que seul le moment présent est réel, et que le passé et le futur ne sont que des abstractions. Consciemment, nous avons souvent l'impression de vivre exclusivement dans le présent, incapables d'accéder à l'au-delà autrement que par la mémoire ou au futur par l'anticipation. En réalité, de nombreux chercheurs en sciences cognitives affirment que le présent est le moment le plus précieux dont nous « profitons » réellement. Nos souvenirs de l'au-delà et nos attentes quant à l'avenir sont des représentations, et non des expériences directes de ces temps.

Le présentisme contraste avec la théorie de l'« univers-bloc », qui postule que le temps est un quatrième espace global dans lequel l'au-delà, le présent et le futur coexistent simultanément. Selon cette vision, le temps n'est pas un fleuve qui coule, mais un bloc fixe et immuable, que notre perception consciente traverse en toute honnêteté. Cette vision remet en question l'intuition que nous avons du temps qui avance et que l'avenir reste « à venir ». Si le temps est effectivement un bloc, alors notre perception subjective du temps pourrait être plus grande, comme celle d'un observateur suivant un chemin prédéterminé.

Notre perception du temps est le résultat d'une interaction complexe entre notre cerveau, nos émotions, nos souvenirs et le monde physique qui nous entoure. Le temps n'est pas une entité simple et statique : c'est une expérience dynamique et flexible, façonnée par la façon dont notre esprit le perçoit et l'interprète. La conscience joue un rôle essentiel dans notre perception et notre relation au temps, et une exploration plus approfondie de cette relation permet de percer certains des plus grands mystères de l'esprit et de l'univers. Des distorsions subjectives du temps dans certains états émotionnels à l'horloge interne du cerveau, la compréhension de la notion de temps offre un aperçu précieux de la nature même de l'attention.

## *1.2 L'horloge de notre cerveau : les mécanismes qui suivent le temps*

Le temps est un concept qui n'existe plus seulement comme un phénomène extérieur, mais aussi comme une expérience intérieure profondément ancrée dans notre conscience. Alors que le monde qui nous entoure fonctionne selon une chronologie fixe – rythmée par le lever et le coucher du soleil, le tic-tac des horloges et la rotation de la Terre – notre perception du temps est liée au fonctionnement interne du cerveau. L'idée que le cerveau possède une sorte d'« horloge interne » capable de surveiller le temps n'est pas seulement spéculative ; elle fait l'objet de recherches actives en neurosciences, qui nous éclairent sur notre compréhension et notre gestion du temps.

Au cœur de notre perception du temps se trouve le fonctionnement de circuits neuronaux spécifiques au sein du cerveau. Ces circuits permettent à l'esprit de mesurer le passage du temps et d'adapter ses comportements en conséquence. De l'estimation de la durée d'un défi à la perception du rythme de la parole ou de la musique, notre capacité à synchroniser le temps repose sur des interactions complexes entre différentes régions du cerveau.

L'horloge interne du cerveau fonctionne grâce à un réseau de structures neuronales spécifiques, qui collaborent pour suivre les intervalles de temps. Bien que cette machine ne soit pas une « horloge » unique comme celle que nous utilisons pour mesurer les secondes et les minutes, elle comprend plusieurs régions cérébrales interconnectées, chacune jouant un rôle clé dans la perception et la loi du temps.

Les noyaux gris centraux, et en particulier le striatum, sont essentiels à la capacité du cerveau à gérer le temps. Intervenant dans le contrôle moteur, le striatum est essentiel à la prise de décision, à l'apprentissage par renforcement et à la mesure du temps. Il fait partie du système dopaminergique du cerveau, qui facilite le contrôle des mécanismes de récompense du cerveau. C'est pourquoi la perception du temps est souvent affectée par les changements de motivation ou d'état émotionnel : la dopamine joue un rôle dans notre estimation du temps.

Aux côtés des noyaux gris centraux, le cortex préfrontal joue un rôle essentiel dans la perception du temps. Il est impliqué dans les fonctions cognitives avancées, telles que la planification, la mémoire opérationnelle et la prise de décision. Cette région du cerveau nous aide à gérer notre attention et à maintenir notre concentration, deux éléments essentiels à la gestion du temps. On suppose que le cortex préfrontal enregistre les données sensorielles entrantes et les intègre à nos systèmes internes de chronométrage pour façonner une perception cohérente du temps.

Outre ces régions, le cervelet, historiquement associé aux commandes motrices, joue également un rôle dans le réglage optimal de notre horloge interne. Des recherches ont montré que le cervelet contribue à la précision de l'estimation du temps, en particulier sur de courtes périodes. Une lésion du cervelet peut entraîner des déficits de la perception du temps, principalement pour les tâches nécessitant des estimations rapides et précises.

La dopamine, souvent appelée « neurotransmetteur sensoriel », joue un rôle crucial dans la perception du temps. Elle régule la motivation, l'intérêt et la récompense, autant d'éléments qui influencent notre perception du temps qui passe. L'implication de la dopamine dans la perception du temps est particulièrement évidente lorsqu'on considère comment la motivation peut modifier la perception du temps. Lorsque nous nous divertissons, notre taux de dopamine augmente, ce qui nous donne l'impression subjective que le temps passe plus vite. À l'inverse, lorsque nous nous ennuyons ou que nous nous désintéressons de quelque chose, notre taux de dopamine peut également diminuer, et le temps peut sembler long.

Dans les maladies neurologiques, dont la maladie de Parkinson, où la production de dopamine est altérée, la perception du temps est souvent perturbée. Les patients atteints de la maladie de Parkinson peuvent également éprouver des difficultés à estimer la durée ou à maintenir le rythme des activités sportives. Cela met en évidence le lien direct entre la dopamine et la capacité du cerveau à maintenir le rythme du temps.

L'idée que la dopamine puisse influencer la perception du temps s'inscrit dans une conception plus large du temps comme une expérience subjective et flexible. Si le temps extérieur s'écoule régulièrement, notre perception intérieure du temps est malléable, façonnée par la neurochimie de notre cerveau. Cette flexibilité nous permet de nous adapter à des environnements et des moments différents, optimisant nos réponses en fonction de nos besoins temporels.

L'estimation du temps par le cerveau est une méthode complexe qui implique le mélange d'enregistrements sensoriels et de signaux neuronaux internes. Les chercheurs ont identifié plusieurs mécanismes par lesquels le cerveau estime les intervalles de temps. L'un des modèles les plus courants est celui du stimulateur cardiaque-accumulateur. Selon ce modèle, le cerveau utilise un stimulateur cardiaque interne qui « tic-tac » à intervalles réguliers. Ce stimulateur émet des impulsions, qui peuvent ensuite être collectées au fil des ans pour estimer la durée écoulée.

Le stimulateur cardiaque interne est considéré comme un système neuronal générant un rythme cardiaque constant, probablement dans des structures comme les noyaux gris centraux ou le thalamus. Les impulsions générées par le stimulateur ne sont pas perçues consciemment, mais elles sont comptabilisées par d'autres régions cérébrales qui enregistrent leur accumulation. Lorsque le nombre d'impulsions collectées atteint un seuil, le cerveau reconnaît qu'un certain temps s'est écoulé.

Un modèle d'opportunité, le modèle d'oscillation neuronale, propose que le point soit prédit par la synchronisation des oscillations neuronales (ondes mentales). Dans ce modèle, des zones spécifiques du cerveau synchronisent leurs oscillations de manière à coder le passage du temps. Ces oscillations peuvent varier en fréquence et leurs

Au-delà de l'esprit

schémas peuvent être influencés par des éléments tels que l'attention et la motivation. Ce modèle offre une meilleure connaissance dynamique des stratégies mentales face au temps, suggérant que la croyance au temps n'est pas toujours un système linéaire, mais peut être influencée par des facteurs cognitifs et émotionnels.

Si l'horloge interne du cerveau est essentielle à la mesure du temps, notre perception du temps est également influencée par des données sensorielles extérieures. Le cerveau reçoit en permanence des informations de l'environnement – visuelles, auditives, tactiles, etc. – qui lui permettent d'évaluer le temps qui passe. Par exemple, en regardant une horloge ou en prêtant attention à un tic-tac, le cerveau peut synchroniser son système de chronométrage interne avec les activités extérieures. Cette synchronisation peut nous aider à rester attentifs au temps qui passe dans des contextes réels.

Cependant, les informations sensorielles ne sont pas toujours fiables. Des signaux visuels ou auditifs peuvent parfois fausser notre perception du temps, donnant l'impression qu'il s'accélère ou ralentit. Par exemple, lorsque nous regardons un film riche en mouvements, le temps peut sembler filer très vite, alors que le temps réel est constant. En revanche, lorsque nous attendons un événement important, le temps semble souvent s'éterniser, même si l'horloge extérieure tourne au même rythme.

Ce phénomène est particulièrement évident en cas de surcharge sensorielle ou d'attention accrue. En situation d'attention intense ou d'excitation émotionnelle, la perception du temps peut être profondément altérée. Dans ces cas, le cerveau peut également enregistrer des données plus rapidement ou plus lentement, ce qui entraîne une perception déformée du temps.

Le mécanisme de chronométrage du cerveau peut être perturbé par divers facteurs, notamment les maladies neurologiques, les troubles cognitifs et les influences extérieures. Par exemple, les personnes atteintes de schizophrénie ou de troubles du spectre autistique constatent fréquemment des difficultés à percevoir correctement le temps. Ces perturbations peuvent se traduire par des difficultés à estimer les périodes ou par une perception altérée du temps qui passe.

De plus, des accidents mentaux ou des affections affectant les noyaux gris centraux, le cervelet ou le cortex préfrontal peuvent entraîner des anomalies de la perception du temps. Par exemple, les patients ayant souffert d'accidents mentaux gênants peuvent également ressentir des distorsions dans leur perception du temps, le percevant comme s'écoulant trop vite ou trop lentement.

Même chez les personnes en bonne santé, la capacité du cerveau à chronométrer l'information est difficile à modifier au fil du temps. Le vieillissement peut ralentir le traitement de l'information, ce qui pourrait également contribuer à une altération de la perception du temps chez les personnes âgées. Des recherches indiquent qu'avec l'âge, notre capacité à estimer des intervalles de temps courts peut également diminuer, ce qui donne l'impression que le temps passe plus vite.

La capacité du cerveau à mesurer le temps est une méthode complexe et complexe qui implique plusieurs circuits neuronaux, neurotransmetteurs et mécanismes cognitifs. La perception du temps n'est pas seulement un reflet passif de l'environnement qui nous entoure ; c'est un processus énergétique que le cerveau façonne et affine constamment. Du rôle des noyaux gris centraux dans la synchronisation du langage C à l'influence de la dopamine sur l'expérience temporelle, les mécanismes à l'origine de la perception du temps sont aussi complexes qu'essentiels à notre compréhension de la conscience. À mesure que les études sur les fondements neuronaux du temps se poursuivent, nous bénéficions d'une compréhension plus approfondie de la manière dont le cerveau construit cette expérience riche et flexible du temps qui définit notre quotidien.

## 1.3 L'écoulement du temps : est-il réel ou une illusion perceptuelle ?

Le temps est l'un des aspects les plus essentiels de notre vie, et pourtant il reste l'un des concepts les plus difficiles à appréhender pleinement. Nous le percevons comme un glissement constant – les secondes se transforment en minutes, les minutes en heures, les heures en jours – mais ce « flux » est-il inhérent à l'univers ou simplement le fruit de notre perception ? La nature du temps a intrigué philosophes, physiciens et neuroscientifiques, donnant naissance à de nombreuses théories sur la réalité objective de son écoulement ou sur une illusion construite par l'esprit.

En physique classique, le temps est généralement considéré comme une évolution immuable et linéaire, une dérive continue du passé vers le présent et l'avenir. Cette notion du temps est profondément ancrée dans notre perception quotidienne et dans le cadre de la mécanique newtonienne, où le temps est traité comme une dimension indépendante et continue, se déplaçant à un rythme constant. Dans cette conception, le temps est réel, objectif et universellement vécu de la même manière, quel que soit le mouvement ou le point de vue de l'observateur.

Cependant, la physique actuelle, principalement avec l'apparition de la théorie de la relativité d'Einstein, a introduit une vision du temps beaucoup plus complexe. Selon la théorie de la relativité, le temps n'est pas une entité constante et universelle, mais est relatif à l'observateur. Le temps, ou plus précisément, son écoulement, peut sembler ralentir ou accélérer en fonction de facteurs tels que la vitesse et les champs gravitationnels. Par exemple, un astronaute voyageant à grande vitesse dans l'espace ressentirait le temps à un rythme différent de celui d'un humain sur Terre – un phénomène appelé dilatation du temps. Cela suggère que le temps n'est pas une force absolue et immuable, mais quelque chose qui varie en fonction du contexte physique.

Du point de vue de la relativité, le passage du temps devient encore plus abstrait. Le célèbre principe de l'« univers-bloc », issu de la relativité, postule que le passé, le présent et le destin sont tout aussi réels, et que le passage du temps est une illusion. Dans ce modèle, le temps est comparable aux dimensions spatiales : tous les événements – l'au-delà, le présent et le destin – sont déjà disposés dans un bloc à quatre dimensions, le temps n'étant qu'une coordonnée parmi d'autres dans l'espace-temps. Selon ce point de vue, le « flux » du temps, cette sensation de déplacement constant du point vers l'avant, n'est qu'un phénomène psychologique, et non plus une réalité physique.

Si la physique offre un cadre pour comprendre la nature du temps, la question de savoir pourquoi le temps semble se déplacer dans une seule direction – la fameuse « flèche du temps » – demeure un sujet central de la philosophie du temps. Dans notre expérience quotidienne, le temps s'écoule de l'au-delà pour se diriger vers l'avenir, et cette directionnalité est universelle. Mais pourquoi le temps est-il asymétrique ? Pourquoi les activités semblent-elles se déplacer vers l'avant, mais jamais vers l'arrière ?

Une explication vient du concept d'entropie, un concept essentiel du deuxième principe de la thermodynamique. L'entropie est un degré de malaise ou d'aléatoire dans un système, et ce deuxième principe stipule que, dans un système isolé, l'entropie a tendance à augmenter avec le temps. Cela renforce la perception de l'écoulement du temps : nous vivons un décalage temporel car l'entropie tend à croître, passant d'une faible entropie (ordre) à une forte entropie (maladie). Par exemple, si vous abîmez un pichet, les éclats qui en résultent se disperseront et aggraveront la maladie de la machine. Le fait que l'univers tende à devenir plus désordonné à mesure que le temps progresse lui confère sa direction apparente. Cependant, si cela donne un chemin au temps, cela n'explique pas pourquoi il s'écoule, mais seulement pourquoi il avance dans une direction.

Certains physiciens ont suggéré que l'écoulement ponctuel pourrait résulter des lois de la thermodynamique plutôt que d'être un atout fondamental de l'univers. Selon cette théorie, la flèche du temps n'est pas une fonction du temps lui-même, mais une propriété émergente du comportement des structures physiques au fil du temps, liée à la tendance de ces structures à augmenter leur entropie.

La sensation du temps qui passe sans cesse n'est pas à proprement parler une image miroir du passage physique du temps, mais aussi le résultat de la façon dont le cerveau interprète et traite les informations sensorielles. Les neurosciences montrent que le cerveau construit activement l'expérience du temps, souvent inconsciemment, en fonction des informations sensorielles, des attentes et de la mémoire.

Notre cerveau traite le temps par segments, en fonction des styles et des rythmes qu'il rencontre dans le monde. Par exemple, le tic-tac d'une horloge, le rythme de la parole ou le mouvement des objets dans notre champ visuel peuvent tous aider le cerveau à créer une expérience de temps continu. Cependant, cette perception est étonnamment subjective et peut être favorisée par plusieurs facteurs, tels que l'intérêt, les émotions et la charge cognitive. Lorsque nous sommes profondément absorbés par une activité, le temps peut sembler filer, tandis que dans les moments d'ennui ou d'attente, il peut s'éterniser. Cette fluidité dans la perception du temps indique que la façon dont nous apprécions le temps n'est pas toujours directement liée à son écoulement final, mais plutôt à la façon dont le cerveau aborde et traduit les informations sensorielles.

L'idée de « dilatations temporelles » – où le temps semble s'étirer ou se contracter en fonction des états psychologiques – étaye l'idée que le temps pourrait être une illusion créée par le cerveau. La dilatation du temps, par exemple, ne se limite pas aux effets définis par la relativité d'Einstein. On éprouve souvent la sensation de « perdre la notion du temps » lors de moments de grande conscience ou lors d'une émotion intense, comme lors d'une crise ou d'une mission spatiale. Ces études suggèrent que notre perception interne du temps est malléable, influencée par la structure de notre esprit plutôt que par un écoulement temporel déterminé.

À travers les âges, les philosophes se sont interrogés sur la réalité du temps ou sur sa construction intellectuelle. Des penseurs antiques comme saint Augustin ont reconnu le mystère du temps, soulignant que s'il pouvait appréhender son écoulement, il ne pouvait le définir. Le logicien Emmanuel Kant soutenait que le temps (à côté de l'espace) n'est pas une fonction objective du monde, mais un cadre intellectuel imposé par l'esprit. Selon Kant, nous ne pouvons en aucun cas percevoir les « choses en soi » telles qu'elles sont réellement, mais seulement telles qu'elles nous apparaissent à travers le prisme des catégories de notre esprit, le temps étant l'une de ces catégories.

En revanche, les tenants de la vision réaliste soutiennent que le point existe indépendamment de la perception humaine.

Selon cette vision, le temps n'est pas une simple illusion, mais une composante essentielle de la matière de l'univers. De ce point de vue, même si notre perception du temps peut être altérée ou déformée, elle ne change rien à la réalité : le temps est une entité réelle et objective qui façonne l'univers.

L'une des approches actuelles les plus intéressantes du débat philosophique est celle opposant le présentisme à l'éternalisme. Le présentisme postule que seul l'instant présent est réel, et que l'au-delà et le futur ne sont que des principes. L'éternalisme, en revanche, soutient que tous les éléments du temps – l'au-delà, le présent et le futur – sont également réels. La question de savoir laquelle de ces deux visions est vraie, ou si elles sont toutes deux erronées sur un point, demeure un problème philosophique permanent, aux implications profondes sur notre appréhension de la nature du temps.

Suivre le cours du temps est une idée profondément paradoxale. Physiquement, il semble exister comme une fonction inéluctable de l'univers, l'augmentation de l'entropie indiquant une direction à son écoulement. Pourtant, la nature subjective du temps – façonnée par l'interprétation mentale des informations sensorielles et stimulée par les états émotionnels et psychologiques – suggère que le temps n'est pas toujours une réalité objective. La question de savoir si le temps est un bien émergent de l'univers physique ou une illusion perceptive construite par l'esprit fait encore l'objet de vifs débats. Ce qui demeure clair, en revanche, c'est que notre perception du temps est essentielle à la façon dont nous percevons notre vie et notre place dans l'univers.

## *1.4 Perceptions déformées du temps : rêves, traumatismes et réalités altérées*

Le temps, tel que nous l'appréhendons habituellement, s'écoule progressivement, rythmé par des événements se déroulant selon un développement linéaire. Cependant, dans certaines situations – du royaume du rêve au traumatisme ou aux états d'attention altérés – notre perception du temps peut être déformée, fragmentée, voire complètement déconnectée du passage objectif du temps. Ces perturbations soulèvent de profondes questions sur la nature de la vérité, la fluidité du temps et la mesure dans laquelle notre perception du temps est construite par la pensée.

Les rêves constituent l'un des exemples les plus frappants et les plus déroutants de la façon dont la perception du temps peut se révéler déformée. Pendant le sommeil, nous percevons souvent le temps de manière déformée ou fluide, les événements se déroulant selon des modalités qui défient les lois habituelles de la causalité et de la chronologie. Un rêve peut sembler durer des heures, alors qu'en réalité, il n'a duré que quelques minutes. À l'inverse, un rêve peut sembler se dérouler en quelques secondes, alors qu'il englobe tout un arc narratif.

Cette distorsion temporelle dans les rêves est un phénomène qui fascine scientifiques et psychologues depuis des siècles. Selon le principe d'activation-synthèse du rêve, le cerveau génère des désirs à partir d'interactions neuronales aléatoires à un moment donné du sommeil. L'esprit tente de faire l'expérience de ces signaux aléatoires en construisant des histoires cohérentes, ce qui peut également perturber ou rendre hors sujet le flux linéaire du temps à l'état éveillé. La déconnexion entre le monde du rêve et le monde éveillé permet à l'esprit d'appréhender le temps de manière plus fluide et non linéaire.

De plus, la vivacité et l'intensité des émotions ressenties dans les désirs peuvent amplifier cette distorsion temporelle. Lors de cauchemars intenses ou d'objectifs lucides, par exemple, l'esprit peut également générer une réalité onirique où les jours, voire les années, semblent s'écouler en un bref instant. Ce décalage entre l'expérience subjective du temps et son écoulement objectif témoigne de la capacité du cerveau à découpler la perception du temps de l'horloge physique, suivant plutôt son propre rythme, basé principalement sur les états émotionnels et mentaux.

Le traumatisme, tant mental que physique, est un autre état qui peut profondément affecter notre façon d'appréhender le temps. Les personnes ayant vécu des expériences stressantes ressentent souvent une sensation de dislocation temporelle, où le passé et le présent semblent se confondre, ou la notion du temps s'améliore ou se ralentit. L'expérience traumatique peut entraîner une désintégration de la linéarité du temps, créant un sentiment permanent d'être prisonnier du passé ou de ressentir l'avenir comme une menace imminente.

Le trouble de stress post-traumatique (TSPT) illustre parfaitement la façon dont un traumatisme peut déformer la notion du temps. Nombre de personnes atteintes de TSPT se délectent de flashbacks vibrants et intrusifs, où des événements plus que perturbants semblent surgir dans l'instant présent, comme si le temps s'était effondré. Ces flashbacks ne sont pas de simples souvenirs ; ils sont imprégnés de l'intensité et de l'immédiateté d'un événement contemporain, rendant la frontière entre passé et présent presque indiscernable. Cette perturbation de la notion du temps peut être désorientante et angoissante, car la personne se retrouve prisonnière d'un moment du passé, incapable de s'en libérer.

Outre les flashbacks, un traumatisme peut également donner l'impression que le temps s'écoule plus lentement ou de manière inattendue que d'habitude. Certains peuvent même décrire cette sensation d'arrêt complet ou, à l'inverse, se délecter d'une sensation de temps qui défile à toute vitesse, sans qu'ils soient capables de le gérer. De telles distorsions de la perception du temps sont censées résulter de la tentative du cerveau de gérer une pression excessive, modifiant ainsi le flottement temporel habituel pour protéger la personne du fardeau mental de l'événement.

Au-delà des objectifs et des traumatismes, d'autres aspects émotionnels peuvent également perturber la perception du temps. La peur, la tension, le plaisir et d'autres émotions fortes peuvent créer une impression de temps qui s'accélère ou ralentit. Par exemple, les moments de peur intense ou de hasard, comme lors d'un accident de voiture ou d'une situation de quasi-perte, sont souvent décrits comme une sensation de « figement dans le temps » ou de ralentissement. Cet effet de « dilatation du temps » se produit parce que le cerveau traite une quantité importante de données sensorielles pendant les moments de stress, ce qui entraîne un allongement de la perception du temps pour s'adapter à la concentration accrue.

À l'inverse, l'anticipation – l'attente d'un événement important, comme un examen crucial, un concert ou un mariage – peut donner l'impression que le temps passe lentement. De même, des moments de joie ou de plaisir intenses peuvent donner l'impression que le temps passe trop vite, avec l'impression que les heures ont filé en quelques instants. Ces fluctuations émotionnelles de la perception du temps sont souvent liées à la capacité du cerveau à privilégier certains moments par rapport à d'autres, intensifiant les moments d'importance émotionnelle tout en minimisant les moments moins importants.

Fevzi H.

Dans certains cas, une distorsion temporelle peut également se produire dans des situations d'ennui ou de monotonie, où le temps semble s'écouler interminablement. Ce phénomène, appelé « temps de fuite », se produit fréquemment lorsque les individus sont soumis à des tâches répétitives et peu stimulantes. Dans ces cas, le cerveau peut également ne pas gérer le temps comme d'habitude, ce qui entraîne une impression de temps qui traîne ou stagne. Cette impression de lenteur résulte de la lutte du cerveau pour maintenir l'intérêt dans un environnement dépourvu de nouveauté ou d'engagement émotionnel.

Outre les états émotionnels ou psychologiques habituels, certains états de conscience altérés, qu'ils soient provoqués par des substances, la méditation ou une attention intense, peuvent entraîner des changements radicaux dans la perception du temps. Les substances psychédéliques, comme le LSD, la psilocybine et la DMT, sont connues pour induire de profondes altérations de la perception, notamment une distorsion du temps. Les consommateurs de ces substances constatent régulièrement une déconnexion totale avec le cours normal du temps, l'au-delà, le présent et le destin se confondant, voire disparaissant complètement. Dans de tels états, le temps peut s'étirer indéfiniment, ou les événements peuvent sembler se produire simultanément.

De même, la méditation profonde et des pratiques comme la pleine conscience peuvent induire une expérience d'intemporalité. Les méditants expérimentés constatent une relation altérée au temps, décrivant souvent des états où le temps semble hors sujet, voire inexistant. Dans ces états, la personne peut perdre le fil des heures, voire des jours, se sentant profondément immergée dans l'instant présent. Ces états seraient le résultat de l'entrée du cerveau dans un nouveau monde d'activité, où les anciennes constructions mentales du temps et de l'espace s'effondrent, et l'esprit se concentre uniquement sur l'instant présent.

Les changements de perception du temps observés lors des rêves, des traumatismes, des émotions intenses et des états de conscience modifiés peuvent être définis par divers mécanismes mentaux et neurologiques. Le cortex préfrontal, impliqué dans les fonctions exécutives telles que l'attention, la prise de décision et la perception du temps, joue un rôle clé dans notre perception du temps. Lorsque le fonctionnement normal du cerveau est perturbé – en raison d'émotions intenses, d'un traumatisme ou d'un état de conscience altéré – le cortex préfrontal peut également percevoir le temps de manière non linéaire, entraînant une expérience subjective de distorsion temporelle.

De plus, la dopamine, un neurotransmetteur impliqué dans la motivation et le traitement de la récompense, est également impliquée dans la notion de temps. Des recherches ont montré que les fluctuations des niveaux de dopamine peuvent donner l'impression que le temps s'allonge ou se contracte, selon que l'individu ressent du plaisir ou de la pression. Par exemple, les pics de dopamine sont liés à une concentration ou à une excitation accrues, ce qui peut donner l'impression que le temps passe vite. À l'inverse, une perte de dopamine ou des périodes d'incertitude peuvent entraîner un ralentissement du temps.

Les récits de distorsions temporelles à travers les désirs, les traumatismes, les états émotionnels et les perceptions modifiées révèlent la nature fluide et subjective du temps. Si le temps peut être une constante objective et mesurable dans l'univers physique, notre perception de celui-ci est loin d'être constante. L'esprit est capable de manipuler la notion de temps de multiples façons, compte tenu de la possibilité d'échanges de réalités temporelles – des réalités qui abordent l'idée du temps comme un flottement stable et immuable. En connaissant ces perturbations, nous acquérons une compréhension plus approfondie de la malléabilité de la perception du temps et de son lien profond avec nos états mentaux et émotionnels. En fin de compte, ces perceptions altérées soulèvent des questions fondamentales sur la nature du temps et de la réalité elle-même.

## 1.5 Notre perception du temps est-elle universelle ou propre au cerveau ?

La perception du temps est l'un des facteurs les plus essentiels de l'expérience humaine, mais aussi l'un des plus énigmatiques. Si le passage du temps est une constante dans l'univers physique, notre perception de celui-ci peut varier sensiblement en fonction de facteurs biologiques, psychologiques et culturels. La question essentielle soulevée par cette question est de savoir si notre notion du temps est présente chez tous les êtres humains – et peut-être même chez tous les êtres vivants – ou s'il s'agit d'un phénomène spécifiquement façonné par la structure et le fonctionnement du cerveau humain.

Pour appréhender cette problématique complexe, nous devons explorer deux questions principales : premièrement, le temps est-il vécu de la même manière par tous les humains ? Deuxièmement, cette perception du temps est-elle biologiquement innée ou façonnée par la cognition, le mode de vie et les influences extérieures ? Cette question va au-delà de la simple expérience humaine pour déterminer si d'autres espèces perçoivent le temps de la même manière que nous, et, si oui, ce que cela révèle sur les mécanismes biologiques en jeu.

Chez l'être humain, la perception du temps repose sur la capacité du cerveau à appréhender et à rythmer le passage du temps. Plusieurs régions cérébrales contribuent à cette fonction, notamment le gyrus supramarginal, le cortex préfrontal et l'hippocampe. Le gyrus supramarginal, situé dans le lobe pariétal, joue un rôle crucial dans le traitement des périodes temporelles, nous permettant d'évaluer la durée d'un événement ou le moment où il se produira. Le cortex préfrontal, reconnu pour son implication dans des fonctions cognitives supérieures telles que la prise de décision et l'attention, nous permet d'anticiper et d'organiser le flux du temps. L'hippocampe, souvent associé à la formation de la mémoire, nous permet d'envisager des événements futurs et d'anticiper les événements futurs, façonnant ainsi notre perception du temps.

Malgré les fondements biologiques courants de la perception du temps, des études suggèrent que cette perception n'est pas uniforme. Les humains, selon leur état mental, leur âge, leur contexte émotionnel et leur constitution neurologique, peuvent percevoir le temps différemment. Par exemple, les enfants, dont les facultés cognitives et perceptives sont encore en développement, ont généralement tendance à apprécier le temps différemment des adultes, le percevant souvent comme s'écoulant plus lentement. De même, en cas de stress intense ou d'ennui, le temps peut sembler s'écouler plus lentement ou plus rapidement, ce qui démontre que notre perception subjective du temps est influencée par des facteurs internes et externes.

Ces différences renforcent la question de savoir s'il existe une manière standardisée, biologiquement déterminée, dont les humains perçoivent le temps, ou si celle-ci est façonnée par nos contextes psychologiques et environnementaux précis. Si les mécanismes organiques sous-jacents sont similaires, la perception du temps varie considérablement en fonction des histoires des personnages et de leurs états subjectifs.

Au-delà des facteurs organiques, le contexte culturel joue un rôle majeur dans notre perception du temps. Différentes sociétés ont des attitudes différentes envers le temps, ce qui peut influencer la façon dont leurs membres vivent et organisent leur quotidien. Dans les cultures occidentales, le temps est souvent perçu comme linéaire et segmenté en unités fixes, comme les heures et les minutes. Les habitants de ces cultures ont tendance à valoriser la ponctualité et la performance, en mettant clairement l'accent sur la réflexion prospective : anticiper et anticiper l'avenir.

En analyse, de nombreuses cultures autochtones et orientales ont tendance à considérer le temps de manière plus cyclique ou relationnelle. Par exemple, certaines cultures autochtones le perçoivent comme un cycle continu de saisons, de degrés de vie et de liens ancestraux, où l'au-delà, le présent et le destin sont étroitement liés. Dans ces cultures, le temps n'est pas quelque chose à « gérer », mais quelque chose à vivre en harmonie avec les rythmes naturels. De même, dans certaines philosophies orientales, comme le bouddhisme et le taoïsme, le temps est souvent conceptualisé comme quelque chose de fluide et d'interconnecté, plutôt que comme une succession d'instants discrets à surveiller.

Les normes culturelles relatives au temps peuvent désormais influencer non seulement la perception du temps, mais aussi le comportement des individus à son égard. Par exemple, dans les cultures « monochroniques », le temps est considéré comme une ressource précieuse et limitée, qui doit être soigneusement mesurée et organisée. Cela contraste avec les cultures « polychroniques », où les individus sont plus susceptibles de pratiquer plusieurs sports simultanément et peuvent percevoir le temps comme beaucoup moins rigide et plus flexible.

Ces différences culturelles suggèrent que la perception du temps n'est pas toujours un phénomène purement biologique, mais qu'elle est aussi étroitement influencée par les normes et valeurs sociétales. Les variations de perception du temps selon les cultures impliquent que, même s'il existe des mécanismes organiques communs de traitement du temps, la manière dont le temps est vécu, valorisé et appliqué peut varier considérablement selon le contexte culturel.

Au-delà des humains, les chercheurs ont exploré la façon dont d'autres animaux perçoivent le temps. Si les mécanismes organiques de la perception du temps chez les animaux ne sont pas aussi complexes que chez l'homme, de nombreuses espèces sont capables de suivre les durées et de réagir à des indices temporels. Par exemple, des animaux comme les oiseaux, les chiens et les primates peuvent apprendre à prédire l'arrivée de nourriture ou d'autres stimuli en fonction de périodes de temps. Certaines recherches suggèrent que certains animaux, comme les rats, peuvent mémoriser des intervalles de temps aussi courts que quelques secondes, démontrant ainsi une connaissance primaire du passage du temps.

Cependant, si de nombreuses espèces partagent la capacité de chanter le temps, leur degré de perception du temps, au même titre que les humains, demeure incertain. En particulier, on ignore si les animaux ont le même sens de l'avenir que les humains. Si certains animaux, comme les écureuils, présentent des comportements qui suggèrent de planifier l' avenir (par exemple, préparer des provisions pour l'hiver), on se demande s'ils perçoivent le temps avec la même conscience et la même introspection que les humains. Par exemple, les humains ont souvent une perception narrative du temps, qui nous amène à réfléchir à l'avenir et au-delà à travers nos expériences personnelles, nos rêves et nos souvenirs. Il est douteux que les animaux possèdent ce type de perception subjective du temps.

En réalité, l'expérience subjective du temps peut être propre à l'être humain. La conscience – notre capacité à réfléchir à l'au-delà et aux activités du destin dans un contexte personnel et temporel – semble être une caractéristique déterminante de la perception humaine du temps. Cette capacité à se projeter dans le passé et le futur permet aux êtres humains d'entretenir une relation complexe et consciente avec le temps, qui ne se résume pas uniquement à la mesure du temps, mais aussi à l'anticipation, à la mémorisation et à la réflexion sur le temps.

Alors, la perception du temps est-elle standard ou propre à chaque esprit ? La solution se situe quelque part entre les deux. Biologiquement, les êtres humains partagent des systèmes neurologiques similaires qui nous permettent de comprendre le temps. Ces structures – constituées du cortex préfrontal, de l'hippocampe et du gyrus supramarginal – sont déterminées par toutes les populations humaines, ce qui suggère l'existence d'un fondement organique commun à la perception du temps. Cependant, notre perception du temps est loin d'être identique. Elle est façonnée par de nombreux facteurs, notamment la psychologie, les influences culturelles et les circonstances extérieures. De plus, même si notre constitution biologique constitue une base pour la perception du temps, c'est la combinaison unique de facteurs personnels, sociaux et environnementaux qui crée des variations individuelles et culturelles dans la façon dont le temps est perçu.

Dans ce contexte, si la capacité à percevoir le temps est commune, la manière dont le temps est vécu et compris n'est pas constante. Il s'agit plutôt d'une interaction dynamique entre notre biologie et notre environnement, donnant naissance à une diversité d'histoires temporelles selon les cultures et les individus. La question de savoir si la notion de temps est « prévalente » ou « privée » relève donc moins de la mécanique intrinsèque du temps que de la richesse des interactions entre notre cerveau, notre corps et nos sociétés. Cette interaction complexe indique que notre perception du temps est un phénomène profondément personnel et contextuel, stimulé à la fois par des mécanismes biologiques et par les récits subjectifs de l'esprit.

# CHAPITRE 2

## Le rôle de la conscience au fil du temps

## 2.1 Passé, présent et futur : dans quel temps vit la conscience ?

La notion de temps fait depuis longtemps l'objet d'une exploration intense en philosophie, en physique et en sciences cognitives. Lorsqu'on parle de temps, on fait généralement référence à la progression linéaire du passé, du présent et du destin, où le passé est ce qui s'est déjà produit, l'instant présent est ce que nous vivons actuellement, et le destin reste à venir. Mais où se situe la conscience dans ce continuum ? La concentration réside-t-elle dans l'au-delà, le présent ou le futur – ou peut-être dans les trois, dès maintenant ? Cette question se situe à l'intersection de l'expérience subjective, des neurosciences cognitives et des lois fondamentales de la physique.

Notre connaissance commune du temps repose sur le concept de linéarité. Le temps s'écoule selon une seule voie, du passé à l'existant et vers le futur. Cette idée, cependant, ne rend peut-être pas pleinement compte de la complexité du rapport de l'attention au temps. Si nous percevons le temps comme linéaire, avec des différences nettes entre passé, présent et destin, la perception de « l'essentiel » est souvent difficile à saisir.

Dans les technologies cognitives, il est bien établi que le cerveau analyse en permanence les informations sensorielles entrantes, prédit les événements futurs et mémorise les souvenirs d'histoires passées. Le « présent » que nous vivons pourrait être moins un instant fixe qu'un processus d'intégration, où les informations sensorielles sont constamment ajustées pour tenir compte des apports passés en attendant les effets du futur. Cela suggère que notre perception consciente pourrait ne pas se limiter au présent, mais également s'étendre à travers le temps, intégrant continuellement le passé, le présent et l'avenir dans un flux dynamique.

Pour comprendre comment la conscience perçoit le temps, il est essentiel d'observer les mécanismes du cerveau qui traitent les données temporelles. Des études de neuroimagerie ont montré que certaines régions cérébrales, dont le cortex préfrontal et l'hippocampe, jouent un rôle crucial dans notre perception du temps. L'hippocampe, par exemple, participe à la formation de la mémoire et au traitement temporel, nous permettant d'organiser les événements de manière séquentielle et de construire un récit cohérent de notre vie.

La croyance temporelle n'est pas une technique passive ; elle est largement influencée par l'attention, la mémoire et la prédiction des activités futures. Par exemple, lorsque nous anticipons un événement, notre cerveau commence à s'y préparer avant même qu'il ne se produise. Cette capacité à « prévoir » l'avenir peut influencer notre perception du présent. En réalité, une grande partie de ce que nous percevons comme le « présent » peut aussi être un assemblage de notre esprit, basé sur nos histoires passées et nos prédictions concernant l'avenir.

L'une des composantes les plus profondes de l'attention humaine est son appréciation de l'instant présent. Le « maintenant » est une expérience fugace et éphémère qui semble s'évanouir sans cesse à mesure que nous nous efforçons de la comprendre. Ce paradoxe – ce glissement constant vers le futur – est exploré en philosophie depuis des siècles. Par exemple, Henri Bergson, chercheur de vérité français, a posé le concept de « durée », une conception du temps centrée sur l'expérience vécue, par opposition au temps mesuré. Selon Bergson, le temps tel que nous le vivons n'est ni uniforme ni quantifiable, mais plutôt fluide et subjectif.

Malgré sa nature fugace, l'instant présent est le lieu où notre conscience interagit avec le monde extérieur. C'est là que nous faisons des choix, formulons des jugements et réagissons aux stimuli. Cependant, notre perception du présent n'est pas statique. Elle est en perpétuel mouvement, le cerveau actualisant constamment notre perception du monde en fonction des données sensorielles reçues. Les théories neuroscientifiques de la conscience temporelle soutiennent que ce que nous percevons comme l'instant présent est le résultat de processus cérébraux complexes combinant les informations sensorielles et les modèles internes de l'espace. Ces processus

Au-delà de l'esprit

sont si rapides et fluides qu'ils créent l'illusion d'un cadeau permanent, malgré leur complexité sous-jacente.

L'au-delà est un domaine profondément ancré dans notre conscience. Les souvenirs sont notre principal moyen de nous relier à l'au-delà. L'hippocampe, une structure cérébrale essentielle à la consolidation de la mémoire, nous permet de stocker et de récupérer les souvenirs d'expériences déjà vécues. Ces souvenirs forment le fondement de notre identité personnelle et façonnent notre compréhension du présent et notre vision de l'avenir.

Cependant, notre perception du passé n'est pas toujours tout à fait exacte. La mémoire est extrêmement malléable et difficile à déformer au fil des ans. Le cerveau ne stocke pas les souvenirs comme un enregistreur ; il reconstitue plutôt les événements passés en s'appuyant sur une combinaison d'informations sensorielles, d'états émotionnels et de mécanismes cognitifs. Cette reconstruction peut engendrer des biais ou des erreurs de mémoire, créant ainsi une relation dynamique entre les événements passés et notre compréhension actuelle.

De plus, le passé n'est pas seulement une chaîne d'événements qui se sont produits ; c'est aussi un prisme à travers lequel nous percevons le présent. Nos souvenirs influencent notre façon de réagir aux conditions actuelles, d'orienter nos décisions et de façonner nos attentes pour

Fevzi H.

l'avenir. Ainsi, la conscience ne se contente pas de regarder le passé en arrière : elle y est activement impliquée, réinterprétant et réévaluant constamment les événements passés à la lumière de nouvelles statistiques.

Alors que l'avenir est ancré dans la mémoire et l'image miroir, le futur est principalement vécu comme une anticipation. La perception humaine est orientée vers le destin à bien des égards, car elle anticipe et planifie constamment ce qui pourrait arriver. Le cerveau produit en permanence des anticipations basées sur des expériences passées et des informations sensorielles, nous permettant d'évoluer dans le monde avec un sentiment de préparation.

En neurosciences cognitives, cette capacité prédictive de reconnaissance est connectée au réseau en mode par défaut (RMD) du cerveau, actif lorsque nous ne sommes pas focalisés sur des stimuli extérieurs et plutôt engagés dans des processus de réflexion internes, comme la rêverie ou la planification de l'avenir. Le RMD nous permet de simuler mentalement des activités futures, en utilisant des histoires passées comme modèles pour ce qui pourrait survenir. Cette capacité à anticiper l'avenir n'est pas seulement un outil cognitif : c'est un mécanisme de survie qui nous aide à anticiper les menaces et les opportunités potentielles.

Cependant, cette nature prédictive de la connaissance signifie également que notre vision de l'avenir est largement façonnée par nos attentes et nos croyances. Ces anticipations ne sont pas toujours exactes, et le destin se déroule souvent d'une manière qui déjoue nos prédictions. Cette tension dynamique entre attentes et réalité est à l'origine de nombre de nos réactions émotionnelles – surprise, anxiété, joie – selon la concordance entre le destin et nos prédictions.

La datation entre la reconnaissance et le temps n'est pas facile à décrire. La connaissance existe-t-elle une à la fois, à chaque instant, comme une série d'instantanés enchaînés, ou circule-t-elle constamment à travers le temps, intégrant le passé, le présent et le futur dans un flux constant d'attention ? Une possibilité est que la connaissance soit intrinsèquement intemporelle, présente en dehors du flux temporel traditionnel tel que nous l'appréhendons. Certaines théories de la concentration, comme celles proposées par le physicien Roger Penrose, suggèrent que la reconnaissance découle de mécanismes quantiques qui ne sont pas déterminés par les notions classiques de temps.

Alternativement, la conscience pourrait davantage s'apparenter à un récit continu, tissant constamment des rapports passés, des perceptions de cadeaux et des anticipations du futur. Cette forme narrative nous permet de donner du sens à nos vies, en construisant une histoire cohérente à partir du chaos des informations sensorielles et des approches intellectuelles. Le moment du cadeau, dans cette perspective, devient une partie fugace mais essentielle d'un continuum plus vaste, chaque « maintenant » étant intimement lié à l'au-delà et au destin.

La question de savoir où la reconnaissance « vit » dans le spectre du temps est profondément complexe. Nous sommes, après tout, des créatures du temps, vivant dans un monde qui semble dériver du passé pour s'ouvrir au destin. Pourtant, notre perception du temps ne suit pas une simple progression linéaire ; c'est une interaction en constante évolution entre la mémoire, l'anticipation et l'instant présent. Le cerveau construit notre perception du temps grâce à des processus neuronaux complexes qui s'appuient sur des données inédites, prédisent les résultats futurs et créent une attention constante sur l'instant présent. Ainsi, la conscience est à la fois façonnée par le temps et, dans certaines expériences, par le passé. Même si nous pouvons rester dans le présent, notre attention s'étend sur tout le continuum temporel, reliant constamment le passé et le destin dans une danse dynamique de croyance et d'expérience.

## 2.2 Conscience intemporelle : la réalité des souvenirs et des pensées

La notion d'attention et sa datation temporelle ont laissé les philosophes, les scientifiques et les penseurs perplexes depuis des siècles. L'un des aspects les plus fascinants de l'attention humaine est son expérience du temps – ou, plus précisément, sa capacité évidente à le transcender. Alors que nous vivons dans un monde défini par le cours linéaire du temps, notre conscience semble souvent exister au-delà de cette dérive, en particulier lorsque nous méditons sur nos souvenirs ou que nous nous engageons dans la pensée. Dans ces moments, nous faisons l'expérience de ce que l'on pourrait appeler un monde « intemporel », où les frontières de l'au-delà, du don et du destin semblent se dissoudre.

La mémoire est l'un des domaines les plus importants où l'attention semble défier le temps. Lorsque nous nous souvenons d'un événement passé, nous ne le revivons pas en temps réel. Au contraire, nous le reconstruisons mentalement dans un système qui se déroule précisément dans l'instant présent. Ce phénomène montre que notre expérience de la mémoire n'est pas directement liée au passage du temps, mais qu'elle existe plutôt comme un assemblage intellectuel – une simulation d'événements passés créée par l'esprit.

Se souvenir ne consiste pas en une récupération passive de données issues d'une banque intellectuelle. Il s'agit plutôt d'une interaction neuronale complexe qui reconstruit les souvenirs à partir de multiples indices : apports sensoriels, contexte émotionnel et expériences antérieures. Des études en neurosciences ont montré que lorsque nous nous souvenons de quelque chose, notre activité cérébrale reflète étroitement les schémas neuronaux actifs au moment où l'événement s'est produit. Cependant, cette reconstruction est difficile à déformer et à réinterpréter, ce qui signifie que les souvenirs ne sont pas des représentations statiques du passé, mais sont constamment actualisés et remodelés dans le présent.

Cette déconnexion temporelle de la mémoire est particulièrement importante dans le cas des « souvenirs instantanés » : des souvenirs vifs et extrêmement précis d'activités importantes, comme un incident inquiétant ou une expérience marquante. Malgré leur vivacité, ces souvenirs restent marqués par le contexte présent et l'état émotionnel de la personne qui les évoque. En substance, nous ne revivons pas complètement le passé, mais le réimaginons à travers le prisme de notre conscience contemporaine.

Outre la mémoire, la pensée elle-même semble exister hors des contraintes du temps. Notre capacité à considérer simultanément le passé, le présent et le destin témoigne de la capacité de l'esprit à transcender le temps linéaire. Lorsque nous nous livrons à des activités mentales telles que la rêverie, les projets ou les fantasmes, nous nous retrouvons souvent à naviguer avec fluidité entre des états temporels extraordinaires. Nous pouvons imaginer avec vivacité un événement du destin, nous remémorer un souvenir d'enfance ou même revisiter une interaction passée, le tout en quelques instants.

Cette capacité à voyager mentalement dans le temps est une caractéristique de la conscience. Les spécialistes des sciences cognitives ont diagnostiqué que le réseau mental par défaut (RMD) est particulièrement actif lors de ces moments d'errance mentale. Le RMD est impliqué dans l'émerveillement autoréférentiel, ainsi que dans la réflexion sur les expériences passées ou l'examen des opportunités futures. Il permet à l'esprit de sortir du moment présent et d'interagir simultanément avec des réalités temporelles spécifiques. Cela montre que l'esprit ne se limite pas à l'instant présent, mais qu'il est capable de construire et de manipuler des expériences temporelles d'une manière qui semble immortelle.

La mémoire et la perception partagent une fonction remarquable : leur fluidité. Contrairement aux activités physiques, qui se déroulent selon un ordre strictement linéaire, les événements intellectuels, comme les souvenirs et l'esprit, ne sont pas soumis aux mêmes contraintes. Lorsque nous nous souvenons de quelque chose, nous ne sommes pas limités à une série d'activités simples et immuables. Au contraire, les souvenirs peuvent être réorganisés, réinterprétés, voire fusionnés de manières nouvelles. Les pensées concernant l'avenir sont tout aussi malléables, inspirées par notre monde moderne de pensées, d'objectifs et d'attentes.

Cette fluidité montre que l'attention ne fonctionne pas comme le tic-tac d'une horloge. Au contraire, elle nous permet de naviguer et d'interagir avec le temps de manière plus flexible et dynamique. Nous pouvons revisiter le passé comme s'il se déroulait au présent, nous projeter dans le futur comme si nous y étions déjà, et recadrer nos expériences présentes en nous appuyant sur nos connaissances passées et nos projections futures.

Dans ce contexte, le temps n'est pas une chose que nous « vivons », mais quelque chose que notre attention façonne activement. La possibilité de gérer ainsi les rapports temporels ouvre une nouvelle compréhension de ce que signifie être conscient. Plutôt que d'être des observateurs passifs du passage du temps, nous contribuons activement à la construction de notre réalité temporelle.

Que signifie « intemporel » pour la concentration ? Si la mémoire et la pensée ne sont pas liées à l'instant présent, mais s'étendent au contraire dans le temps, cela signifie-t-il que la reconnaissance elle-même n'est pas déterminée par le temps ? Certaines théories en neurosciences et en philosophie soutiennent que la perception du temps est une propriété émergente de l'interaction du cerveau avec le monde extérieur, plutôt qu'une caractéristique inhérente à la reconnaissance elle-même. Autrement dit, si nous apprécions le temps comme linéaire, la conscience peut également exister dans un état fondamental plus élevé qui transcende cette progression.

Une façon de conceptualiser ce concept est de l'aborder sous l'angle de la mécanique quantique. Le principe quantique a démontré que les débris n'occupent plus de position précise jusqu'à leur découverte. Cet « effet d'observateur » montre que l'attention peut également jouer un rôle dans la formation de la réalité elle-même. Si la conscience peut influencer notre façon de comprendre et d'interagir avec le monde, il est logique qu'elle puisse également influencer notre perception du temps.

Dans cette perspective, la concentration peut être perçue comme un processus continu de reconnaissance « intemporelle », en interaction constante avec le monde pour créer l'illusion du temps. L'au-delà, le présent et le futur ne sont pas des réalités fixes ou objectives, mais se construisent avec l'aide du cerveau en réponse aux informations sensorielles et au traitement interne. La conscience ne vit donc pas toujours véritablement le temps ; elle le développe activement.

L'expérience du temps joue un rôle important dans notre perception de soi. Notre identité se construit sur la continuité de la mémoire, la capacité à réfléchir sur le passé et à se projeter dans l'avenir. Sans ce sentiment de continuité, nous n'aurions aucune idée cohérente de qui nous sommes ni de notre avenir. L'au-delà nous donne un fondement, le présent nous permet de vivre l'existence, et le destin nous offre la possibilité de changer et de grandir.

Cependant, cette continuité n'est pas toujours aussi forte qu'il n'y paraît. La mémoire est faillible, et le soi n'est pas toujours une entité fixe, mais évolue constamment. À mesure que nos souvenirs évoluent et que notre esprit se transforme, notre perception de soi se transforme également. Cette fluidité de l'identité révèle un fait plus profond : notre perception du temps – et, par extension, notre expérience de soi – n'est pas aussi objective ou rigide qu'il n'y paraît. Le soi, comme le temps, est un ensemble d'attention, formé par notre esprit, nos souvenirs et nos projections.

La nature immuable de l'attention soulève de profondes questions sur la nature même de la vérité. Si la reconnaissance peut transcender le temps, peut-elle aussi transcender l'espace ? Habitons-nous, d'une certaine manière, un monde façonné par notre esprit, plutôt qu'un monde existant indépendamment de nous ? Ces questions remettent en question la vision conventionnelle de la réalité comme quelque chose d'extérieur et d'objectif. Elles suggèrent plutôt que la vérité pourrait être un élément émergent de la conscience – une interaction dynamique entre l'esprit et le monde, en constante évolution.

Cette vision rejoint certaines interprétations de la mécanique quantique, qui suggèrent que l'observateur joue un rôle énergétique dans la formation de la réalité qu'il perçoit. Si la conscience peut façonner le temps, la mémoire et l'identification, il est alors possible qu'elle puisse également façonner la nature même de la réalité. Dans cette optique, la nature « immortelle » de la conscience n'est pas seulement une abstraction philosophique, mais un élément essentiel de notre relation avec l'univers.

La relation entre conscience et temps est bien plus complexe que le simple passage des instants. La mémoire et la pensée nous permettent d'apprécier le temps d'une manière fluide, dynamique et constamment transcendante. La conscience semble fonctionner dans un espace intemporel, où passé, présent et futur ne sont pas figés, mais constamment reconstruits dans l'instant présent. Cette connaissance remet en question les notions traditionnelles de temps et de réalité, offrant une nouvelle attitude au rôle de l'attention dans la construction de notre perception du monde. Loin d'être des observateurs passifs du temps, nous participons activement à la création de notre réalité temporelle, construisant et manipulant sans cesse notre perception du monde selon des méthodes qui transcendent les limites du temps lui-même.

## 2.3 Déjà vu, intuitions et possibilité de sauts mentaux dans le temps

Les phénomènes de déjà-vu et de précognition intéressent depuis longtemps le réseau clinique et le grand public. Ces rapports mettent à l'épreuve notre expertise de la conscience, du temps et de la mémoire, offrant des aperçus d'un fait probable où nos perceptions du monde ne sont peut-être pas aussi linéaires ou restreintes que nous le pensons. Le déjà-vu – l'étrange sensation d'avoir déjà vécu une situation –, les intuitions qui semblent anticiper le destin, et même le concept de voyage mental dans le temps ou de « sauts temporels » suggèrent tous que la concentration pourrait également posséder des capacités dépassant la progression linéaire du temps.

Le déjà-vu est peut-être le phénomène le plus connu et le plus complexe associé au temps. Il se caractérise par la sensation qu'une expérience récente a déjà eu lieu, souvent accompagnée d'un fort sentiment de familiarité et parfois d'une impression d'étrangeté. L'expérience est fugace, mais elle laisse un impact durable sur l'individu, qui peut également se demander s'il s'agit d'un problème dans la matrice du temps ou d'un phénomène inconnu de la conscience.

D'un point de vue neurologique, le déjà-vu a été associé aux systèmes de mémoire et de reconnaissance du cerveau, en particulier au lobe temporal, responsable du traitement des souvenirs. Une hypothèse suggère que le déjà-vu se produit lorsqu'il y a un retard dans le traitement des données sensorielles, ce qui amène le cerveau à interpréter un souvenir comme un souvenir. En résumé, l'esprit perçoit le moment présent comme s'il s'agissait d'un souvenir, ce qui déclenche un sentiment de familiarité.

Un autre principe suggère que le déjà-vu peut également survenir lors d'une confrontation entre la mémoire à court terme et les structures de la mémoire à long terme. Cette confrontation peut donner l'impression de revivre un événement passé, car le cerveau puise simultanément dans plusieurs sources de mémoire. Cependant, cette explication ne parvient pas à aborder la profonde expérience de distorsion temporelle qui accompagne cette expérience.

Certains psychologues et neuroscientifiques ont émis l'hypothèse que le déjà-vu pourrait également constituer une sorte de « défaillance temporelle » où le cerveau confondrait momentanément le présent avec une version du futur ou de l'au-delà qui ne s'est pas encore pleinement matérialisée. Selon cette interprétation, le déjà-vu ne serait pas véritablement un effet de la mémoire, mais un exemple fugace d'un « survol temporel » intellectuel, où l'esprit perçoit le futur avant qu'il n'ait eu lieu ou le futur comme s'il se reproduisait. Cela soulève la possibilité fascinante que le temps ne soit pas aussi constant qu'il le paraît, et que notre esprit soit capable de percevoir le temps d'une manière qui contourne le cycle conventionnel des événements.

Un autre phénomène qui remet en question notre compréhension traditionnelle du temps est l'instinct, surtout lorsqu'il semble nous rapprocher des activités du destin. Ces intuitions, souvent appelées « intuitions profondes », peuvent aussi se présenter comme des connaissances inattendues et inexplicables sur des sujets qui n'ont pas encore commencé à se poser. Si l'instinct est souvent attribué au traitement inconscient d'enregistrements reconnus – notamment la détection de styles

Fevzi H.

ou l'exploitation d'expériences au-delà de l'expérience –, il existe des cas où il semble transcender cette logique et nous éclairer sur les conséquences du destin.

Ce type d'instinct est généralement associé à la précognition, cette prétendue capacité à comprendre les événements du destin avant qu'ils ne se produisent. Si la précognition reste perçue avec scepticisme par la communauté scientifique, de nombreux témoignages font état de personnes ayant éprouvé des visions, des objectifs ou des sentiments qui correspondent ultérieurement à des événements réels. Dans certains cas, des humains affirment avoir anticipé des blessures, des tragédies personnelles, voire des événements mondiaux cruciaux bien avant qu'ils ne surviennent. Ces récits, qu'ils soient interprétés comme des coïncidences ou des cas réels de précognition, suggèrent que notre esprit conscient pourrait également posséder une capacité inexpliquée à « prédire » l'avenir.

D'un point de vue scientifique, de nombreuses théories tentent d'expliquer le phénomène de précognition. L'une d'elles est que l'intuition et la précognition seraient associées à la capacité du cerveau à localiser des schémas diffus dans l'environnement. Selon cette théorie, le cerveau traite en permanence de grandes quantités d'informations – bien plus que ce dont nous avons conscience – nous permettant de détecter des indices cachés susceptibles de suggérer des conséquences pour le destin. Cela pourrait impliquer que ce que nous entendons par « connaître le destin » résulte certainement du traitement inconscient de ces informations avant qu'elles n'atteignent notre conscience.

Alternativement, la précognition serait liée à la nature quantique du temps lui-même. Certaines théories quantiques suggèrent que le temps ne serait pas aussi linéaire que nous le concevons et que l'au-delà, le présent et le futur pourraient coexister de manière non linéaire. Si tel est le cas, l'attention pourrait exploiter ces chronologies d'échange ou ces opportunités du destin, offrant ainsi un aperçu d'événements qui ne se sont pas encore produits.

Le concept de « sauts temporels mentaux » s'appuie sur ces réflexions, soulignant que l'attention peut, au lieu de suivre la progression linéaire du temps, « planer » occasionnellement entre des instants temporels distincts. Ce concept repose sur la perception que le temps, tel que nous le vivons, n'est peut-être pas un flux constant et continu, mais plutôt une fluidité accrue, l'esprit étant capable de sauter entre différents points du temps, en avant comme en arrière.

Bien que ce concept paraisse fantaisiste, il existe des cadres théoriques, tant en physique qu'en neurosciences, qui permettent de tels sauts temporels intellectuels. En particulier, les théories du temps en mécanique quantique et en relativité ont remis en question la nature absolue du temps. Selon la théorie de la relativité, le temps est relatif et peut être perçu différemment selon la position dans l'espace-temps. Dans certains cas, notamment à proximité de trous noirs ou à des vitesses proches de celle de la lumière, le temps peut sembler ralentir, voire s'arrêter complètement. Ces effets relativistes suggèrent que le temps, loin d'être une constante, est malléable et peut, en principe, être navigué ou « sauté » grâce à la reconnaissance selon des méthodes que nous ne maîtrisons pas encore totalement.

De plus, l'étude de l'intérêt neuronal du cerveau a révélé que celui-ci est capable de passer inopinément d'un état de conscience spécifique à un autre. Cela suggère que la concentration ne se limite pas à une dérive temporelle unique et continue, mais peut avoir la capacité d'accéder à des moments uniques en changeant de domaine de concentration. Cette idée rejoint certaines traditions mystiques et ésotériques, qui parlent d'états de conscience « intemporels » ou d'expériences « transcendantes » dans lesquelles la personnalité n'est pas toujours déterminée par les contraintes linéaires du temps.

Un autre élément clé de la connaissance des possibilités de sauts temporels intellectuels réside dans le rôle de l'inconscient. Ce dernier traite des statistiques selon des méthodes qui ne sont pas toujours accessibles au conscient, utilisant fréquemment des données du passé, du présent et du destin simultanément. Certaines théories mentales, dont le concept d'inconscient collectif de Carl Jung, suggèrent que le subconscient puise dans une couche de conscience plus profonde et plus commune, transcendant les récits des personnages ou même le temps linéaire.

De ce fait, des expériences telles que le déjà-vu, l'intuition et la précognition pourraient être des manifestations de la capacité de l'inconscient à accéder à des informations issues de chronologies commerciales ou d'événements futurs. Le subconscient peut ainsi percevoir des possibilités futures, puisant dans un réservoir d'informations plus profond, existant hors des limites du temps tel que nous le concevons.

Les phénomènes de déjà-vu, d'instinct et de sauts temporels intellectuels remettent en question notre compréhension du temps et notre capacité à nous concentrer. Bien que ces observations soient souvent balayées du revers de la main et considérées comme de simples bizarreries psychologiques ou coïncidences, elles soulèvent des questions essentielles sur la nature du temps et la capacité de l'esprit à transcender ses contraintes. Que ces phénomènes soient le résultat des structures complexes de traitement de l'information du cerveau, du fonctionnement mystérieux de l'inconscient ou de quelque chose de plus profond encore, ils suggèrent que notre perception du temps peut être bien plus fluide et malléable que nous ne le pensons. Si la reconnaissance peut transcender le temps – que ce soit par la mémoire, l'instinct ou des sauts temporels intellectuels directs – elle pourrait profondément modifier notre compréhension de la nature même de la réalité, ouvrant la voie à de nouvelles possibilités d'expérience humaine et d'exploration du temps.

## 2.4 Notre cerveau peut-il voir l'avenir ? Théories sur l'inversion du temps

Le temps est l'un des concepts les plus fascinants et les moins bien compris de l'expérience humaine. Notre connaissance traditionnelle nous apprend que le temps s'écoule comme un fleuve, passant du passé au présent, puis vers l'avenir. Cependant, la relation entre la conscience humaine et le temps dépasse ces notions conventionnelles. Les êtres humains peuvent-ils apprécier le temps qui s'écoule à rebours ? Notre esprit peut-il percevoir l'avenir ? Ces questions sont à la fois profondes sur le plan scientifique et philosophique, mais pleines d'incertitudes. À mesure que notre connaissance de la nature du temps évolue, les théories suggérant que le temps peut suivre son cours à rebours peuvent nous aider à explorer les capacités de la conscience humaine.

Le concept de temps s'écoulant à rebours remet en question la conception newtonienne classique du temps, qui le considère comme une progression constante et fréquente. Cependant, les théories de la relativité d'Albert Einstein ont introduit la croyance selon laquelle le point n'est pas absolu, mais est intimement lié à l'aire pour former un matériau quadridimensionnel espace-temps. Dans la conception einsteinienne de la relativité, le passage du temps varie en fonction du mouvement de l'observateur et des influences gravitationnelles qu'il subit. Cela indique que le point ne peut être véritablement linéaire et que, dans des conditions positives, le temps pourrait également s'écouler selon des intervalles uniques.

Le principe de relativité restreinte d'Einstein, par exemple, suggère que le point ralentit pour un objet se déplaçant à une vitesse proche de celle de la lumière. Cela montre que le temps n'est pas une quantité constante et fixe, mais qu'il est relatif, dépendant de la vitesse et de la gravité. Cependant, cela ne signifie pas que le point puisse s'inverser. Le temps semble toujours progresser dans une seule direction, du passé vers le présent et vers le futur.

Le concept d'inversion du temps a été largement exploré en relation avec les trous noirs et les conditions extrêmes du cosmos. À proximité d'un trou noir, le temps peut sembler ralentir considérablement et, selon certains modèles théoriques, il pourrait même dériver « à reculons ». Cependant, ces théories sont largement spéculatives et philosophiques, car il n'existe actuellement aucune preuve tangible de l'inversion du temps.

La mécanique quantique présente des réflexions encore plus complexes et paradoxales sur la nature du temps. La théorie quantique montre que le temps est bien plus flexible et multidimensionnel que la théorie conventionnelle, avec l'existence probable d'univers parallèles et de multiples « plans temporels ». De nombreuses expériences quantiques ont montré que la notion conventionnelle de temps peut être violée dans des conditions positives.

L'effet tunnel quantique, par exemple, désigne un phénomène par lequel des particules peuvent franchir des limites électriques qu'elles ne devraient normalement plus pouvoir franchir. Ce type de phénomène montre que les événements se produisant à l'échelle quantique peuvent déroger aux règles conventionnelles du temps et de l'espace. Le temps, dans de tels cas, peut se comporter différemment, probablement de manière à favoriser son inversion. Ces phénomènes remettent en question notre perception du temps comme un glissement unidirectionnel et à sens unique.

Un autre concept intéressant en mécanique quantique est la « superposition » du temps. Tout comme des débris quantiques peuvent exister dans plusieurs états simultanément, il est possible qu'un point lui-même soit dans une superposition de différents « états ». Dans ce cas, une particule – ou peut-être même une machine entière – pourrait vivre simultanément des événements passés et futurs. Cela suggère qu'à l'échelle quantique, le temps ne fluctue pas linéairement et que certains phénomènes liés à la conscience peuvent naître de cette non-linéarité.

Avant d'examiner si le cerveau doit prédire l'avenir, il est essentiel de comprendre le lien entre le cerveau et le temps. Notre esprit ne se contente pas de prédire l'instant présent ; il se souvient constamment des événements passés et tente d'anticiper l'avenir en se basant uniquement sur ces souvenirs. Cette capacité prédictive est essentielle à la prise de décision et nous permet d'anticiper l'avenir, nous permettant souvent de réagir avant qu'un événement ne se produise.

Cette capacité à anticiper le destin peut sembler être une forme de « vision du destin », même s'il s'agit en réalité d'une manière étonnamment sophistiquée de modéliser et de simuler des événements futurs, principalement à partir des informations disponibles. Notre cerveau utilise des anecdotes et des indices antérieurs pour prédire ce qui est le plus susceptible de se produire, une capacité essentielle à la survie et aux interactions sociales. Ce potentiel, cependant, n'est pas un aperçu paranormal ou surnaturel du futur, mais le fruit des efforts constants de l'esprit pour traiter et prédire.

Pourtant, certains rapports, notamment des intuitions intenses ou des « émotions viscérales », peuvent donner l'impression que le cerveau perçoit l'avenir. Ces sentiments peuvent être définis comme le fait que le cerveau puise dans sa vaste base de données d'expériences au-delà de la réalité et les traite inconsciemment pour anticiper l'issue d'un scénario donné. Le cerveau ne « voit » pas honnêtement l'avenir, mais il le prédit et s'y prépare.

Les théories concernant le renversement et le voyage temporels amplifient régulièrement des stratégies au-delà des simples mécanismes physiques, invitant la conscience à participer à la manipulation temporelle. Si le temps était véritablement non linéaire et que la conscience avait la capacité de le transcender, elle pourrait peut-être apprécier, voire contrôler, l'écoulement du temps. Cela pourrait suggérer que le voyage dans le temps ne dépendrait pas réellement du mouvement physique à travers le temps, mais impliquerait le cerveau ou l'attention présents en dehors des contraintes temporelles conventionnelles.

Dans diverses œuvres de fiction technologique et de pensée philosophique, le voyage temporel est souvent évoqué en termes de renversement du temps. Si le temps est véritablement non linéaire et si les êtres conscients peuvent aller au-delà de sa linéarité, le voyage temporel pourrait être considéré comme un déplacement de notion ou de conscience, plutôt qu'un déplacement physique vers l'arrière dans le temps. Ce concept est étroitement associé aux théories de la conscience quantique et à la capacité de l'attention humaine à exploiter des réalités alternatives ou des plans temporels.

L'idée que l'attention puisse « naviguer » dans le temps a de profondes implications pour notre compréhension du temps et de l'attention. Si l'esprit ou les pensées peuvent exister dans un état indépendant du flux temporel, ils pourraient percevoir les événements futurs, voire les influencer d'une manière qui semble impossible selon les lois physiques contemporaines.

Alors que nous continuons de questionner la nature linéaire du temps, notre connaissance de la reconnaissance est appelée à évoluer. Les théories de l'inversion du temps, bien que spéculatives, offrent un aperçu fascinant du potentiel de la conscience humaine. Si le temps est peut-être plus flexible que nous le pensons, alors peut-être la conscience elle-même n'est-elle pas toujours assurée par les limites du cours traditionnel du temps. Que ce soit par la mécanique quantique ou par les capacités prédictives de l'esprit, l'idée que nous « verrons » l'avenir peut être plus complexe que nous ne le pensons. Ces critères projettent notre connaissance fondamentale des faits, suggérant que le point et la concentration pourraient être bien plus interconnectés et flexibles que nous ne l'aurions jamais imaginé.

## 2.5 Esprit quantique et superposition temporelle

L'idée d'« esprit quantique » et celle de superposition temporelle constituent un croisement fascinant entre la

Fevzi H.

physique quantique, la concentration et la nature du temps. Ces concepts remettent en question les conceptions traditionnelles de la pensée et du passage du temps, car notre perception de la vérité, ainsi que nos tactiques mentales, ne sont pas nécessairement régies par la physique classique. Au contraire, elles pourraient fonctionner conformément aux principes de la mécanique quantique, où le temps n'est pas une dérive unidirectionnelle et fluide, et où la pensée peut exister simultanément dans plusieurs états. L'exploration de la pensée quantique et de la superposition temporelle ouvre de nouvelles questions sur la nature de la reconnaissance, du temps et de la réalité elle-même.

L'hypothèse de la pensée quantique suggère que la physique classique ne peut expliquer complètement la complexité de la conscience humaine. Certains scientifiques et théoriciens suggèrent plutôt que la mécanique quantique pourrait jouer un rôle considérable dans le fonctionnement de l'esprit et l'émergence de la conscience. Selon cette hypothèse, les mécanismes quantiques, notamment la superposition, l'intrication et la cohérence, seraient impliqués dans les activités neuronales et les capacités cognitives.

La mécanique quantique décrit le comportement des débris à une échelle incroyablement petite, où les particules peuvent exister simultanément dans plusieurs états (superposition) et être instantanément connectées sur de grandes distances (intrication). Ces normes confirment notre conception classique de la réalité, où les objets existent dans un seul état à la fois et sont séparés dans l'espace. Dans un cadre quantique, les débris n'ont pas de foyers bien définis jusqu'à leur découverte, et ils peuvent exister simultanément dans plusieurs états.

Si des phénomènes quantiques comme la superposition et l'intrication jouent un rôle dans le fonctionnement du cerveau, cela suggère que l'esprit pourrait également être capable d'exister simultanément dans plusieurs états de conscience ou de croyance. Cette idée ouvre de nouvelles perspectives pour la perception de l'information. Plutôt que d'être une technique linéaire limitée à l'instant présent, l'esprit pourrait fonctionner à un niveau quantique, lui permettant d'accéder à de multiples perspectives, voire à des réalités alternatives.

La superposition temporelle renvoie à l'idée que le point, comme les états quantiques, pourrait ne pas être linéaire et singulier. Au lieu d'un présent en progression ininterrompue et unidirectionnelle allant de l'au-delà vers le futur, le temps pourrait, en principe, exister simultanément dans plusieurs états, tout comme les particules quantiques peuvent exister en superposition. La superposition temporelle montre que l'esprit, grâce aux méthodes quantiques, pourrait accéder instantanément à des instants extraordinaires, faisant l'expérience simultanée de l'au-delà, du présent et du destin. Cela représenterait un changement profond dans notre façon d'appréhender le temps lui-même.

En mécanique quantique, la superposition désigne la capacité d'une particule à exister dans plusieurs états simultanément jusqu'à sa mesure. Par exemple, un électron peut exister simultanément dans plusieurs niveaux d'énergie, et ce n'est qu'au moment de sa découverte qu'il se « désintègre » en un seul état précis. Ce principe a été démontré expérimentalement par diverses expériences quantiques, notamment la célèbre expérience de la double fente, où les particules se comportent différemment lorsqu'elles sont découvertes et lorsqu'elles ne sont pas mesurées.

Par extension, si le temps lui-même était soumis à la superposition, des événements provenant de points distincts dans le temps pourraient coexister au sein d'une discipline unifiée et multitemporelle. Cela pourrait suggérer que le temps n'est pas seulement une série linéaire, mais une dimension dynamique et flexible où l'au-delà, le présent et le futur pourraient être intriqués et interconnectés. Si le cerveau pouvait exploiter cette superposition quantique du temps, il pourrait expliquer des phénomènes tels que la précognition, les distorsions temporelles et même l'expérience subjective d'« intemporalité » fréquemment évoquée dans les états d'attention modifiés.

Certains partisans de la théorie quantique soutiennent que le cerveau fonctionne aussi bien qu'un ordinateur quantique. Les ordinateurs traditionnels traitent les statistiques à l'aide d'états binaires (0 et 1), tandis que les ordinateurs quantiques traitent les données à l'aide de bits quantiques, ou qubits, qui peuvent exister simultanément dans plusieurs états. Cette capacité à traiter simultanément plusieurs possibilités permet aux ordinateurs quantiques de résoudre certains problèmes complexes bien plus efficacement que les ordinateurs classiques.

Si le cerveau fonctionne comme un ordinateur quantique, il pourrait traiter plusieurs états mentaux ou pensées simultanément, au lieu de suivre une procédure séquentielle et linéaire. Cela permettrait aux pensées de fonctionner avec une complexité et une polyvalence accrues, exploitant potentiellement simultanément plusieurs dimensions du temps, de la mémoire et de l'expérience. Dans ce modèle, la superposition temporelle pourrait ne pas être qu'un concept théorique, mais un élément fondamental de la manière dont le cerveau organise et traite les données.

Par exemple, face à une décision, l'esprit non seulement se souvient de la situation actuelle, mais « expérimente » également des futurs possibles, prédisant les conséquences de différentes décisions. Ce système peut comporter une forme de superposition temporelle, où le cerveau accède instantanément à plusieurs futurs possibles et les évalue en parallèle. De même, les souvenirs peuvent être stockés non seulement comme des activités linéaires, mais aussi dans un cadre plus vaste et multitemporel où les événements passés, présents et futurs sont tous intriqués.

Le concept de pensée quantique et de superposition temporelle a de profondes implications pour notre expertise de la reconnaissance. Si l'esprit peut exister simultanément dans plusieurs états de conscience, cela pourrait expliquer des phénomènes positifs difficiles à concilier avec une vision simplement matérialiste de la connaissance. Par exemple, des récits de précognition, de déjà-vu, voire de « flashbacks » d'événements antérieurs pourraient résulter de pensées exploitant la superposition temporelle. Ces récits pourraient être interprétés comme des aperçus d'activités futures ou de chronologies parallèles que le cerveau traite simultanément.

De plus, la superposition temporelle pourrait expliquer les états de conscience altérés, notamment ceux induits par la méditation, les psychédéliques ou le sommeil profond. Dans ces états, le temps semble régulièrement se déformer : certains moments semblent s'allonger, d'autres semblent immobiles. Si le cerveau était capable de fonctionner en mode quantique, il accéderait à de multiples instants, ce qui entraînerait une déformation et une extension de la notion même de temps. Cela pourrait également expliquer pourquoi certaines personnes ressentent une sensation d'«intemporalité» lors d' états méditatifs extrêmes, ou la sensation d'être hors de la linéarité du temps.

Une autre implication fascinante de la superposition temporelle est la possibilité de «voyage de l'esprit». Si l'esprit est capable d'accéder simultanément à plusieurs instants temporels, il peut théoriquement apprécier des moments exceptionnels du temps comme un tout unifié. Cela pourrait confirmer que l'esprit n'est pas quelque chose qu'il enregistre passivement, mais plutôt quelque chose avec lequel il interagit activement, voire le manipule. Cela devrait fournir un fondement théorique au voyage dans le temps ou à la capacité de naviguer à travers le temps, bien que ces hypothèses restent spéculatives et non prouvées.

Alors que nos connaissances en physique quantique et en conscience continuent d'évoluer, la notion de pensée quantique et de superposition temporelle offre une voie d'exploration captivante. Si la pensée fonctionne conformément aux principes quantiques, notre perception du temps pourrait être bien plus fluide et flexible qu'on ne le pensait auparavant. La superposition temporelle montre que la pensée pourrait appréhender simultanément plusieurs aspects du temps, exploitant une réalité quantique sous-jacente défiant la linéarité traditionnelle du temps. Ces concepts affectent notre connaissance fondamentale de la conscience, de la réalité

Fevzi H.

et de la nature même du temps, offrant de nouvelles perspectives sur les capacités illimitées de l'esprit humain.

# CHAPITRE 3

## Qu'est-ce que la réalité ? La conscience construit-elle la réalité ?

## 3.1 Nos perceptions façonnent-elles la réalité ?

La réalité, telle que nous la percevons, est souvent perçue comme une entité fixe et immuable. C'est un acquis, quelque chose que nous percevons par nos sens, des curiosités et sons les plus simples aux émotions et pensées complexes que nous percevons au quotidien. Cependant, un examen plus approfondi des mécanismes de perception et de cognition révèle que ce que nous appelons « réalité » est, en grande partie, façonné par notre propre esprit. En réalité, notre perception des faits n'est pas un reflet fidèle du monde, mais un modèle construit, une interprétation filtrée par le cadre unique de notre conscience.

La perception n'est pas toujours une réception passive de stimuli extérieurs, mais un système énergétique par lequel notre cerveau traduit, organise et réagit aux informations sensorielles reçues. Elle est motivée par nos expériences passées, nos états émotionnels, nos croyances, voire nos attentes. De cette façon, notre esprit fait constamment des choix quant à ce qu'il faut prioriser, ignorer ou réinterpréter, souvent à notre insu.

Imaginez comment deux personnes peuvent percevoir le même événement de manière totalement différente. Une lumière vive peut sembler accueillante à l'un, mais aveuglante ou inconfortable à un autre. De même, la perception des couleurs peut varier selon le câblage sensoriel d'une personne, des pathologies comme le daltonisme étant un excellent exemple de la façon dont la perception s'écarte de la « réalité ». Cela suggère que la réalité n'est pas simplement un ensemble d'informations objectives prêtes à être localisées, mais qu'elle est, en partie, créée par l'interaction de l'esprit avec son environnement.

Au cœur de cette question se trouve la notion de « réalité perceptive », qui postule que nos perceptions individuelles du monde sont subjectives. En substance, ce que nous percevons comme « réel » est une production de notre esprit, formée à partir des données sensorielles dont nous disposons, et qui peut être interprétée par notre cerveau grâce à un ensemble unique de mécanismes cognitifs.

Un exemple frappant de la façon dont la perception construit la réalité peut être observé dans l'observation des illusions. Les illusions visuelles ou auditives, par exemple, révèlent comment notre cerveau peut facilement être amené à croire quelque chose qui n'est pas physiquement présent. Lorsque nous observons un mirage à l'horizon ou entendons des voix en silence, notre cerveau ne se trompe pas forcément sur le terrain : il construit activement de nouvelles « réalités » basées sur des données sensorielles incomplètes ou altérées.

Ce concept de vérité construite dépasse la notion sensorielle et s'étend au monde du traitement cognitif, qui inclut les émotions et le mental. Nos états émotionnels peuvent influencer notre croyance en la vérité : un esprit exigeant peut interpréter des situations ambiguës comme menaçantes, tandis qu'un esprit paisible peut les percevoir comme neutres. Cette réalité subjective est également aggravée par des biais cognitifs, qui peuvent prendre la forme de schémas systématiques d'écart par rapport à la rationalité ou aux critères objectifs de jugement. Ces biais influencent tout, de nos idéaux et attitudes à notre perception de nous-mêmes et du monde qui nous entoure.

De plus, nos perceptions sont souvent influencées par des facteurs culturels et sociaux, ce qui complexifie encore la perception d'une vérité objective et quotidienne. Les normes culturelles, la langue et les systèmes sociétaux façonnent notre manière d'interpréter les faits sensoriels, suggérant ainsi que la vérité n'est pas un fait statique et extérieur, mais un ensemble fluide construit sur la personnalité et les perspectives collectives.

Les théories psychologiques, telles que l'approche « constructiviste » de la cognition, soutiennent l'idée selon laquelle nos perceptions façonnent notre expérience de la réalité. Selon ce point de vue, les individus n'absorbent pas passivement le monde qui les entoure ; ils construisent activement leur perception de celui-ci à travers leurs interactions et leurs expériences. L'esprit comble les lacunes, interprète les statistiques ambiguës et s'adapte aux contextes changeants, contribuant ainsi à notre perception individuelle de la réalité.

Pour explorer plus en détail la nature de la croyance, on peut utiliser le phénomène connu sous le nom de « test de vérité », une méthode par laquelle les individus comparent l'exactitude de leurs perceptions à des critères objectifs. Lorsque nous interagissons avec un test de réalité, nous tentons de confronter nos interprétations subjectives à des vérités externes ou à des statistiques. Cependant, même ce système est limité par nos biais cognitifs et sensoriels. Ce que nous considérons comme « réel » peut, par conséquent, ne plus correspondre parfaitement à ce qui est objectivement réel, au sens physique ou médical.

Parfois, nos perceptions peuvent être si déformées qu'elles divergent complètement du monde extérieur, entraînant des phénomènes tels que des hallucinations, des délires et des troubles comme la schizophrénie. Ces états contrôlent les extrêmes que les pensées peuvent atteindre dans la construction de la réalité. Lorsque les processus d'interprétation du cerveau sont perturbés ou induits en erreur, ce qui semblait autrefois un monde cohérent et tangible peut être déformé, perturbant ainsi notre compréhension du « réel » et de l'irréel.

Malgré ces impacts subjectifs sur les faits, il est crucial de comprendre qu'il existe aussi des facteurs objectifs à la réalité, des choses qui restent constantes quelles que soient les croyances personnelles. Les lois physiques, comme la gravité ou la thermodynamique, s'appliquent uniformément à tous les observateurs, indépendamment des croyances personnelles ou des systèmes cognitifs. Cela crée une tension entre le subjectif et l'objectif, entre ce que nous percevons et ce qui est scientifiquement vérifiable. La question se pose alors : comment concilier notre expérience subjective de la réalité avec un univers objectif, extérieur, fonctionnant conformément à des lois fixes ?

Dans un monde où les perceptions peuvent être manipulées et modifiées, il est crucial de se demander si la vérité est réellement « actuelle ». Pouvons-nous jamais prétendre percevoir le monde tel qu'il est, indépendamment de nos filtres cognitifs et sensoriels ? Si la vérité est construite, peut-il encore exister un fait connu qui échappe à la croyance des individus ?

Ces questions remettent en question les fondements mêmes de notre perception de la nature de la vie et de l'univers lui-même. Elles nous incitent à repenser non seulement notre perception individuelle de la réalité, mais aussi la manière dont la conscience humaine collective façonne la perception partagée du monde qui nous entoure. En examinant la manière dont la croyance façonne notre compréhension de la réalité, nous sommes amenés à confronter les limites de la cognition humaine, les contraintes des informations sensorielles et la question fondamentale de savoir si notre esprit peut réellement saisir la nature de l'univers, car il existe indépendamment de notre perception.

L'idée selon laquelle la perception façonne la réalité ne remet pas en cause l'existence d'un fait objectif. Elle suggère plutôt que notre interaction avec le monde passe généralement par l'esprit, qui construit une interprétation subjective, souvent imparfaite, de l'univers extérieur. Et si cela implique que la réalité est plus malléable et moins positive qu'on ne voudrait le croire, cela ouvre également de fascinantes perspectives pour explorer les profondeurs de la conscience, de la croyance et de la nature même de l'existence.

## *3.2 Notre cerveau pourrait-il simuler la réalité ?*

L'idée que l'esprit ne se contente pas de percevoir le monde qui nous entoure, mais le simule activement est une hypothèse provocatrice et de plus en plus évoquée en neurosciences et en philosophie. Si l'on prend en compte l'immense complexité des capacités du cerveau, il devient évident qu'une grande partie de ce que nous percevons comme « réalité » pourrait aussi, en réalité, être un assemblage – une simulation construite à partir d'entrées sensorielles, de souvenirs, d'attentes et de stratégies cognitives. Cela soulève une question intrigante : notre esprit pourrait-il créer une version du monde qu'il offre à notre esprit conscient, comme si nous vivions une simulation générée par ordinateur au lieu d'interagir avec le monde tel qu'il est réellement ?

L'un des arguments les plus convaincants en faveur de l'idée que l'esprit puisse simuler la réalité est sa nature prédictive. Le cerveau humain est un organe extrêmement puissant qui traite en permanence les données de l'environnement, anticipe ce qui va se produire et ajuste ses réponses en conséquence. Les recherches en neurosciences ont démontré que le cerveau ne se contente pas de réagir aux entrées sensorielles ; il génère des prédictions sur les stimuli entrants, les compare aux données sensorielles réelles et ajuste ses informations sur le milieu en fonction de ces prédictions.

Ce mode de prédiction permet au cerveau de se préparer à ce qu'il anticipe, souvent avant même que nous en ayons conscience. Ce mécanisme prédictif est si efficace qu'une grande partie de l'activité cérébrale peut se manifester sous l'effet de l'attention consciente, formant une « simulation » de la réalité où l'esprit crée une version de l'environnement à partir d'expériences passées et d'indices contextuels. Par exemple, lorsque vous entrez dans une pièce, votre esprit a déjà anticipé la disposition, la position probable des objets et les limites de ses capacités, avant même que vous ne les perceviez pleinement. En un sens, votre cerveau simule constamment l'environnement qui vous entoure, comblant les lacunes et ajustant ses prédictions à mesure que de nouveaux faits apparaissent.

Cette théorie s'appuie sur le concept de codage prédictif, une forme de fonction cérébrale qui suggère que l'esprit génère continuellement des hypothèses sur le monde, puis les teste en les confrontant aux données sensorielles reçues. Lorsque les faits correspondent aux prédictions du cerveau, nous ressentons une impression de cohérence et d'homogénéité dans notre perception des faits. Lorsque les faits s'écartent des prédictions, l'esprit enregistre une « erreur de prédiction » et ajuste son modèle du monde en conséquence. En résumé, l'esprit actualise constamment sa simulation interne de la réalité afin de correspondre au mieux au monde extérieur.

Si l'esprit simule effectivement la réalité, cela soulève des questions similaires sur le rôle de l'attention dans ce processus. L'un des aspects les plus mystérieux de la concentration réside dans la manière dont elle implique d'être à l'origine de notre perception du monde et dans la raison pour laquelle nous percevons le monde comme nous le percevons. Si le cerveau construit une représentation du monde, l'attention n'est-elle que la perception subjective de cette représentation ? Notre perception de la réalité pourrait-elle être comparable au visionnage d'un film, où le cerveau construit un récit entièrement basé sur des données sensorielles, mais où la « réalité » finale se situe hors de notre expérience consciente ?

L'idée que la connaissance elle-même pourrait être un sous-produit des simulations cérébrales est étayée par les recherches sur la réalité virtuelle (RV) et l'intelligence artificielle (IA). Dans les environnements de RV, le cerveau peut émerger complètement immergé dans un monde simulé qui semble « réel » bien qu'il soit entièrement généré par un ordinateur. La capacité du cerveau à accepter des histoires numériques comme réelles illustre la facilité avec laquelle il peut être amené à accepter un environnement simulé comme la réalité. De même, les structures d'IA, notamment celles utilisées dans les jeux vidéo ou la robotique, s'appuient souvent sur des environnements simulés pour anticiper les résultats et optimiser leurs performances. L'utilisation des simulations par le cerveau pourrait également être, par essence, une caractéristique essentielle de la cognition humaine, nous aidant à naviguer dans la complexité du monde en développant une vision simplifiée de la réalité.

De plus, le concept de fait « simulé » est exploré dans le cadre du débat philosophique appelé « hypothèse de la simulation », popularisé par le chercheur de vérité Nick

Bostrom. Cette hypothèse suggère que nous vivions peut-être dans une simulation créée par une civilisation moderne, où les histoires que nous percevons comme réelles seraient en réalité le résultat d'un modèle généré par ordinateur. Bien que ce concept puisse paraître extravagant, il soulève de profondes questions sur la nature de la vérité, de l'attention et des limites de la perception humaine.

L'une des preuves les plus convaincantes de la capacité du cerveau à simuler la réalité provient du phénomène de la perception lui-même. La perception n'est pas toujours une réception passive de stimuli externes ; c'est plutôt un processus actif par lequel l'esprit construit une interprétation de l'environnement. Par exemple, lorsque vous voyez un objet, l'esprit n'enregistre pas automatiquement l'entrée visuelle de vos yeux, mais traite activement cette entrée et construit une représentation intellectuelle de l'objet, de sa forme, de sa couleur et de son espace. Cette représentation intellectuelle, que nous appelons perception, est une simulation créée par le cerveau, basée entièrement sur des enregistrements sensoriels entrants.

Prenons le concept d'illusions visuelles, où ce que nous voyons ne correspond pas à ce qui est physiquement présent. Le cerveau peut être amené à percevoir un mouvement là où il n'y en a pas, à percevoir un échantillon inexistant ou à mal évaluer la taille et la forme des objets. Ces illusions révèlent que la perception de l'esprit n'est pas un enregistrement objectif des faits, mais plutôt une expérience construite, inspirée par le contexte, les attentes et les biais cognitifs. En substance, l'esprit construit constamment une simulation du monde, qui peut parfois différer de la réalité extérieure.

Les concepts gestaltistes de la croyance illustrent également le rôle du cerveau dans la simulation de la réalité. Ces principes montrent comment l'esprit tend à intégrer les données sensorielles dans des modèles et des structures familiers, effectuant souvent des choix sur ce qu'il faut privilégier ou ignorer en fonction de l'expérience passée et des attentes. Cela met en évidence le rôle actif de l'esprit dans la formation de notre croyance en la vérité, en construisant un récit cohérent à partir d'enregistrements sensoriels fragmentés.

L'idée du cerveau comme simulateur de la réalité prend une importance encore plus grande lorsqu'on l'observe sous l'angle de la mécanique quantique. En physique quantique, l'effet de l'observateur montre que l'acte d'observation joue un rôle essentiel dans la compréhension de l'état d'une machine. Le célèbre test de la double fente démontre que des particules, notamment des photons ou des électrons, peuvent exister simultanément dans plusieurs états jusqu'à leur détermination, moment auquel elles s'effondrent en un seul état. Ce phénomène soulève la question suivante : l'acte d'observation lui-même « effondre-t-il » la fonction d'onde de la réalité, façonnant ainsi les résultats des événements quantiques ?

Certains théoriciens ont avancé l'hypothèse que l'esprit pourrait être capable de manipuler des structures quantiques de manière à créer une simulation du monde extérieur. Cette idée est étroitement liée au concept de conscience quantique, qui suggère que les mécanismes quantiques pourraient jouer un rôle fondamental dans le fonctionnement du cerveau et de l'attention. Selon ce point de vue, la simulation de la réalité par l'esprit ne se limiterait pas aux mécanismes classiques, mais pourrait également inclure des techniques quantiques permettant la construction d'une version particulièrement complexe et dynamique du monde.

Cette intersection entre la mécanique quantique et le fonctionnement cérébral demeure largement spéculative, mais elle offre une piste intéressante pour explorer comment le cerveau pourrait simuler la réalité. La mécanique quantique, qui met l'accent sur les possibilités et la superposition, devrait fournir un mécanisme permettant à l'esprit de générer plusieurs réalités réalisables, puis de les décomposer en une expérience de vérité inédite, principalement basée sur l'attention de l'observateur.

Si le cerveau simule la réalité, cela remet en question la croyance traditionnelle en une vérité extérieure objective, indépendante de nos croyances. La vérité devient alors quelque

Fevzi H.

chose de plus fluide et dynamique : un assemblage intérieur constamment généré par les prédictions de l'esprit et les informations sensorielles. Cela soulève de profondes questions philosophiques sur la nature même de la vie. Qu'existe-t-il, le cas échéant, en dehors de notre perception ? Existe-t-il un monde « réel » qui persiste indépendamment de notre regard, ou la réalité dépend-elle entièrement de la simulation de l'esprit ?

Certains partisans de la simulation suggèrent que la solution pourrait également résider dans la possibilité que nous vivions, en réalité, dans une simulation étonnamment avancée, si problématique qu'elle est indiscernable de la réalité. Bien que cette idée demeure assez spéculative, elle souligne la profonde incertitude qui entoure la relation entre reconnaissance, croyance et réalité. Que nous simulions nos propres expériences ou qu'une vérité extérieure et indépendante existe en dehors de notre perception, l'idée que le cerveau construit activement notre perception du monde réel remet en question notre connaissance conventionnelle de la réalité elle-même.

L'idée que le cerveau puisse simuler des faits offre un regard fascinant sur la nature de la conscience et de la vie. Des mécanismes prédictifs du cerveau à son rôle dans l'élaboration d'histoires perceptives, la nature simulatrice de l'esprit indique que notre expérience de la vérité est bien plus complexe et malléable que nous l'aurions imaginé. Si la question de savoir si nous vivons véritablement une réalité objective ou une simulation reste entière, les faits indiquent que l'esprit est profondément préoccupé par la construction de notre perception du monde et que, d'une certaine manière, nous pouvons vivre dans une réalité que nous avons nous-mêmes créée.

## 3.3 Théorie de l'univers holographique et conscience

La théorie de l'univers holographique est un concept complexe qui a captivé physiciens, philosophes et neuroscientifiques. Elle postule que l'univers, tel que nous le percevons, n'est pas une réalité tridimensionnelle, mais plutôt une projection bidimensionnelle : un hologramme. Ce concept est né de l'intersection de la mécanique quantique, de la thermodynamique des trous noirs et du principe des cordes, et il a de profondes implications pour notre compréhension de la nature de la réalité, de la conscience et de la vie elle-même.

Au cœur de la théorie de l'univers holographique se trouve l'idée que toutes les données qui composent le monde tridimensionnel sont codées sur une surface bidimensionnelle, à la manière d'un hologramme. Ce concept remet en question notre perception intuitive de l'espace et du temps, suggérant que l'univers est probablement une projection d'un monde bien plus vaste et complexe, de dimension supérieure. Cela renforce la possibilité fascinante que la nature de la concentration soit également liée à ce fait « holographique », offrant de nouvelles perspectives sur la façon dont nous percevons le monde et le rôle de l'esprit dans la formation de cette expérience.

La théorie de l'univers holographique a suscité un vif intérêt dans les années 1990, suite aux travaux de physiciens théoriciens tels que Gerard 't Hooft et Leonard Susskind, qui exploraient les mécanismes des trous noirs. Dans les années 1970, le physicien Stephen Hawking a découvert que les trous noirs émettent un rayonnement – aujourd'hui appelé rayonnement de Hawking – en raison d'effets quantiques près de l'horizon des événements. Cette découverte a ouvert la voie à un problème majeur en physique théorique : le « paradoxe de l'information ». Selon la physique classique, les données qui tombent dans un trou noir sont perdues à jamais, mais la mécanique quantique stipule que les données ne peuvent être détruites. Cette divergence a suscité une réévaluation de la manière dont les données sont codées dans l'univers.

Dans leurs travaux, 't Hooft et Susskind ont suggéré que les données à l'intérieur d'un trou noir ne soient pas perdues, mais plutôt stockées à l'horizon des événements – une surface bidimensionnelle entourant le trou noir. Autrement dit, la taille tridimensionnelle du trou noir peut être entièrement décrite à l'aide des données codées à sa surface. Ce concept, appelé principe holographique, suggère que l'univers lui-même pourrait fonctionner de manière similaire, toutes les données nécessaires à la description de notre monde tridimensionnel étant stockées sur une surface bidimensionnelle de la « partie » de l'univers.

Le principe holographique est également soutenu par les travaux des physiciens étudiant la théorie des cordes. Dans cette théorie, les éléments constitutifs essentiels de la réalité ne sont pas des particules, mais de minuscules cordes vibrantes. Ces cordes, dont l'existence est supposée dans l'espace de dimension supérieure, pourraient potentiellement expliquer la nature holographique de l'univers. Dans ce cadre, notre réalité tridimensionnelle pourrait être une projection de ces cordes de dimension supérieure, les données des dimensions supérieures étant codées à l'intérieur de la surface de dimension inférieure. Ce concept est intimement lié à celui des dimensions supplémentaires, où ce que nous percevons comme la matière de l'espace-temps n'est qu'une illusion projetée par une réalité plus profonde et plus fondamentale.

Fondamentalement, la théorie de l'univers holographique montre que l'univers s'apparente à un hologramme : une photographie tridimensionnelle construite à partir d'informations bidimensionnelles. Un hologramme est une représentation visuelle d'un objet ou d'une scène qui semble tridimensionnelle sous certains angles, mais qui est en réalité codée sur une surface plane et bidimensionnelle. De la même manière, cette théorie postule que l'univers que nous observons pourrait être une projection de données codées sur une surface bidimensionnelle, probablement la « limite » du cosmos, ou une autre forme de dimension supérieure.

Cette vision transforme considérablement notre perception de l'espace et du temps. Au lieu de supposer que le monde tridimensionnel qui nous entoure est fondamental, la version holographique montre qu'il s'agit d'une ressource émergente, issue d'une couche de réalité plus profonde. Cela a de profondes implications pour notre compréhension de la nature de l'univers lui-même. L'espace, tel que nous le percevons, pourrait ne pas être aussi réel ou fondamental que nous le pensions. Il pourrait plutôt s'agir d'une illusion, générée par les interactions du cerveau avec les données codées de la surface bidimensionnelle qui documentent la « vraie » réalité.

Le modèle holographique offre également une solution élégante à plusieurs paradoxes de la physique de pointe, notamment celui des enregistrements de trous noirs. Si toutes les données de l'univers sont stockées sur une surface bidimensionnelle, alors les données qui tombent dans un trou noir ne sont pas réellement perdues, mais plutôt codées à l'horizon des événements, respectant ainsi les principes fondamentaux de la mécanique quantique. Ce système permet de concilier les concepts apparemment incompatibles de la mécanique quantique et de la relativité générale, deux piliers de la physique de pointe qui sont depuis longtemps en conflit.

L'un des aspects les plus fascinants de la théorie de l'univers holographique est son lien potentiel avec la conscience. Si l'univers est un hologramme, la question se pose : la conscience elle-même pourrait-elle être un phénomène holographique ? Autrement dit, notre perception subjective du monde – nos perceptions, nos pensées et nos émotions – est-elle une projection de systèmes sous-jacents plus profonds que nous ne pouvons pas percevoir immédiatement ?

Certains partisans de la version holographique de la reconnaissance suggèrent que notre cerveau pourrait également fonctionner comme un hologramme, codant et projetant des statistiques de manière à nous permettre d'appréhender un monde tridimensionnel depuis une perspective « invisible » et de dimension supérieure. Cette idée repose sur l'idée que la connaissance ne serait pas un phénomène localisé et confiné à l'esprit, mais plutôt une propriété émergente de l'univers lui-même, découlant de la nature holographique de la réalité.

Cette idée a été explorée par plusieurs penseurs, notamment le neuroscientifique Karl Pribram et le physicien David Bohm. Pribram, en particulier, a suggéré que le cerveau pourrait fonctionner de manière holographique, encodant les données de manière distribuée dans ses réseaux neuronaux plutôt que concentrée dans une région spécifique. Selon ce

Fevzi H.

point de vue, notre perception du monde n'est pas toujours une image miroir instantanée de la vérité extérieure, mais une projection du traitement interne des faits par l'esprit.

David Bohm, physicien théoricien, a proposé que l'univers lui-même puisse être perçu comme un « holomouvement », dans lequel le cosmos tout entier serait un tout interconnecté, et la séparation que nous percevons comme une illusion. Les idées de Bohm sont étroitement liées au modèle holographique de la connaissance, suggérant que les pensées et l'univers sont fondamentalement interconnectés, et que notre expérience des faits est une projection de processus plus profonds et cachés.

Si l'esprit est effectivement de nature holographique, il pourrait suggérer que notre perception consciente de la réalité est également une forme de projection holographique. Cela soulève la question : que signifie « projeter » la vérité ? Si notre esprit projette réellement les statistiques encodées dans la forme holographique de l'univers, cela implique-t-il que la réalité que nous vivons n'est pas toujours « réelle » dans l'expérience traditionnelle ? Serait-ce ce que nous percevons, car le monde extérieur n'est qu'une construction intérieure, une illusion créée par la tentative de l'esprit de faire l'expérience des statistiques qu'il reçoit ?

Cette attitude remet en question la croyance classique en une vérité objective et externe. Elle suggère plutôt que la vérité est une expérience subjective, façonnée par les interactions du cerveau avec les données holographiques qu'il reçoit. De ce point de vue, l'univers n'est pas un élément passif existant indépendamment de notre attention, mais plutôt une forme vivante, indissociable de la croyance que nous en avons.

L'idée d'un esprit holographique soulève des questions fascinantes sur la nature des croyances et des faits. Si notre esprit est de nature holographique, cela indique que notre expérience consciente est une projection, non pas du monde lui-même, mais des faits sous-jacents qui constituent la trame de la réalité. Cela pourrait impliquer que l'attention ne se limite pas à l'esprit, mais qu'elle est plutôt un phénomène ordinaire, une composante de la matière même du cosmos.

Le modèle holographique de la concentration offre également de nouvelles perspectives sur le problème ancestral du système de pensée. Traditionnellement, la pensée et le système étaient perçus comme des entités distinctes : l'une physique, l'autre mentale. Cependant, le modèle holographique montre que l'esprit et le système pourraient être indissociables, la conscience naissant de la forme holographique sous-jacente de l'univers. Cela impliquerait que la pensée ne se limite pas au cerveau, mais qu'elle est plutôt un élément émergent de l'univers lui-même.

Cette attitude a de profondes implications sur notre connaissance de soi. Si la focalisation est une projection holographique d'approches plus profondes et établies, cela soulève la question de savoir si notre perception de soi est un fantasme. Sommes-nous, en réalité, des êtres distincts, ou sommes-nous les manifestations d'une même conscience habituelle, projetée par la nature holographique des faits ?

La théorie de l'univers holographique offre une approche singulière de la connaissance du cosmos, remettant en question nos perceptions de l'espace, du temps et de la réalité. En suggérant que l'univers est une projection de données bidimensionnelles, elle ouvre de nouvelles perspectives pour comprendre le lien entre la concentration et le monde qui nous entoure. Si la concentration est bien un phénomène holographique, elle a le potentiel de révolutionner notre compréhension de l'esprit, de la nature de la réalité et de la substance même de l'existence. Bien qu'une grande partie de ce principe demeure spéculatif, il offre un aperçu fascinant des mystères profonds de l'univers et du rôle de la conscience dans la formation de notre perception de celui-ci.

## 3.4 Existe-t-il des frontières nettes entre la réalité et la perception ?

La question de savoir s'il existe ou non de formidables obstacles entre la réalité et la perception intrigue depuis longtemps philosophes, scientifiques et psychologues. En tant qu'êtres humains, nous percevons constamment le monde qui nous entoure, mais la nature de ces perceptions et leur relation à la réalité extérieure sont loin d'être exactes. Si nos sens nous permettent de naviguer dans le monde, notre cerveau traite et interprète activement les informations qu'il reçoit, développant une expérience subjective qui peut ne pas refléter parfaitement le monde cible. Cela soulève une question essentielle : existe-t-il des barrières évidentes entre le monde extérieur – la vérité – et sa perception intérieure – la croyance – ou ces distinctions sont-elles plus fluides qu'on ne le pense ?

La perception est un processus complexe lié à l'interprétation par le cerveau des informations sensorielles. Les informations que nous percevons grâce à nos cinq sens – la vue, l'ouïe, le toucher, le goût et l'odorat – ne constituent pas toujours une représentation immédiate de l'environnement, mais plutôt une version filtrée et interprétée. Par exemple, la lumière qui pénètre dans nos yeux est traitée par le cerveau pour créer les images que nous voyons. Cependant, ces images ne sont pas identiques à la lumière elle-même ; elles peuvent être l'interprétation que le cerveau fait de cette lumière, basée sur des connaissances, des attentes et un contexte antérieurs.

Ce processus évolue lorsque l'esprit reçoit des données sensorielles brutes et applique des styles appris pour les interpréter. Notre esprit fait continuellement des prédictions sur le monde, basées sur des informations externes, et ces prédictions influencent notre perception des choses à l'instant présent. Par conséquent, notre perception de la vérité est intrinsèquement subjective et façonnée par nos expériences, nos attentes et même nos états émotionnels. Ce qu'une personne perçoit peut différer de la perception qu'une autre personne a du même objet ou événement, ce qui complexifie encore la notion de frontière nette entre vérité et perception.

L'un des principaux facteurs qui brouillent les frontières entre réalité et perception est la place des biais cognitifs et des illusions perceptives. Les biais cognitifs sont des formes systématiques d'écart par rapport à la norme ou à la rationalité dans le jugement, qui entraînent fréquemment des distorsions perceptives. Ces biais influencent notre interprétation du monde, nous conduisant à faire des choix et à former des croyances qui peuvent ne pas être fondées sur des faits objectifs.

Par exemple, le biais de confirmation – la tendance à rechercher, interpréter et retenir des statistiques qui confirment ses idéaux préexistants – peut influencer sensiblement notre compréhension des données. De même, les illusions perceptives – notamment la célèbre illusion de « Müller-Lyer », où des lignes de même longueur apparaissent distinctes en raison des flèches à leurs extrémités – illustrent comment notre perception peut être manipulée, révélant que notre compréhension du secteur ne reflète pas toujours fidèlement la réalité.

Ces préjugés et illusions soutiennent que notre perception de la réalité n'est pas une représentation immédiate du monde, mais plutôt une expérience construite, nourrie par des facteurs internes, notamment l'expérience passée, les émotions et le monde intellectuel. Cela implique la perception d'une frontière nette entre réalité et notion, car notre perception du monde peut souvent être déformée ou teintée par des facteurs qui échappent à notre contrôle conscient.

Un autre aspect de la question de savoir s'il existe des limites nettes entre réalité et perception réside dans l'influence de la culture et de la langue. Les contextes culturels façonnent la façon dont les individus perçoivent le monde, car certaines cultures possèdent d'excellentes méthodes pour déchiffrer les informations sensorielles, construire du sens et comprendre la nature de la réalité. Par exemple, certaines cultures peuvent mettre davantage l'accent sur certaines couleurs ou certains symboles que d'autres, façonnant ainsi leur perception et leur interprétation du monde qui les entoure. De même, la langue elle-même peut influencer la perception, car les classes linguistiques peuvent façonner la façon dont les individus catégorisent et perçoivent le monde.

La théorie de Sapir-Whorf, par exemple, montre que la structure et le vocabulaire d'une langue peuvent influencer la façon dont ses locuteurs perçoivent et pensent la réalité. Si une langue ne possède pas de mot pour une couleur ou une idée

Fevzi H.

particulière, il est probablement plus difficile pour les locuteurs de la comprendre, voire de la conceptualiser. Cela suggère que notre perception de la réalité n'est pas conventionnelle ou objective, mais plutôt inspirée par les cadres linguistiques et culturels à travers lesquels nous interprétons le monde.

D'un point de vue neuroscientifique, le cerveau joue un rôle actif dans la construction de notre perception de la réalité. Loin d'être un récepteur passif d'informations, l'esprit analyse et filtre activement les données sensorielles, construisant ainsi une représentation cohérente du monde. Ce modèle n'est pas une reproduction parfaite du monde extérieur, mais une version simplifiée et souvent déformée qui nous permet de percevoir notre environnement et de nous y déplacer efficacement.

Des études en neurosciences ont démontré que le cerveau anticipe et ajuste constamment sa perception de l'environnement. Lorsque nous voyons quelque chose, notre cerveau ne se contente pas de réagir au stimulus, mais anticipe activement ce que nous allons probablement observer ensuite, en se basant sur des observations antérieures et des modèles acquis. Ce traitement prédictif est essentiel à la cognition verte, mais il implique également que notre perception est façonnée par des attentes et peut être trompée ou altérée par des informations sensorielles qui ne correspondent pas à ces attentes.

Ce processus est certainement validé par des phénomènes tels que le fantasme de « cécité à l'échange », où une personne ne parvient pas à formuler un changement majeur dans son environnement parce que le modèle prédictif du monde de son cerveau ne tient plus compte de cet échange. De même, le phénomène de « vision aveugle », où les personnes aveugles peuvent encore répondre à des stimuli visuels qu'elles ne perçoivent pas consciemment, illustre mieux comment l'esprit construit un modèle de vérité qui peut fluctuer par rapport à ce qui est réellement présent.

D'un point de vue philosophique, la relation entre croyance et fait est également importante pour la compréhension de la conscience. La conscience est le royaume de la conscience et de la capacité à réfléchir à ses propres expériences. Si la croyance nous permet d'interagir avec le monde, la connaissance nous permet de réfléchir à ces expériences et d'en tirer du sens. La question de savoir si l'attention a accès à un objectif, un fait extérieur, ou si elle se limite entièrement à l'univers intérieur et subjectif de l'expérience est l'un des débats les plus profonds de la philosophie de la pensée.

Le philosophe Emmanuel Kant soutenait que nous ne pouvons en aucun cas réellement comprendre l'« aspect en soi » (la vérité finale), mais seulement percevoir le monde tel qu'il nous apparaît à travers nos sens et nos écoles de pensée. Cela

Fevzi H.

démontre que croyance et réalité sont inextricablement liées, mais qu'il n'existe pas de frontière absolue entre elles : notre perception de la vérité passe toujours par nos systèmes cognitifs et sensoriels. Les idées de Kant font écho à la conviction que la vérité, telle que nous la vivons, est toujours filtrée et façonnée par l'esprit, qui construit activement le monde à partir de nos apports sensoriels, de nos connaissances antérieures et de nos attentes.

Certains philosophes, dont George Berkeley, ont même poussé cet argument plus loin, affirmant que la réalité n'existe plus indépendamment de notre perception. Selon l'idéalisme de Berkeley, l'existence des gadgets repose entièrement sur leur perception. Bien que cette vision puisse paraître intense, elle met en évidence l'interconnexion profonde entre vérité et perception, et accroît la possibilité que ce que nous appelons « vérité » puisse être intrinsèquement subjectif.

L'avènement de la réalité virtuelle (RV) a complexifié la distinction entre réalité et croyance. Les systèmes de RV créent des environnements immersifs si convaincants que les utilisateurs les apprécient souvent comme s'ils étaient réels, alors qu'il s'agit en réalité de constructions entièrement artificielles. Ce brouillage des frontières entre mondes numérique et physique nous oblige à repenser la notion de vérité. Si nous pouvons percevoir un environnement numérique totalement immersif comme réel, cela signifie-t-il que la frontière entre vérité et perception n'est pas aussi évidente qu'on pourrait le croire ?

Cette question est d'autant plus complexe que les interfaces neuronales et les technologies des gadgets cérébraux se perfectionnent, nous permettant de contrôler instantanément nos perceptions, voire de « créer » des rapports apparemment indiscernables de la réalité. À mesure que la génération progresse, la perception même de ce qui est « réel » pourrait devenir encore plus difficile à cerner.

La question de l'existence de frontières nettes entre vérité et notion demeure profondément philosophique, mais il est clair que la frontière entre les deux est souvent floue. Nos perceptions se forment grâce à une interaction complexe d'entrées sensorielles, de biais cognitifs, d'influences culturelles et de systèmes neuronaux, qui créent tous un modèle subjectif de la réalité susceptible de différer sensiblement de la réalité objective. S'il peut être tentant de considérer la croyance comme un simple reflet passif du monde qui nous entoure, il s'agit en réalité d'une production vivante – un processus complexe et dynamique, façonné par une multitude de facteurs internes et externes. Ainsi, les frontières entre réalité et perception ne sont pas aussi nettes que nous le souhaiterions, et notre perception du monde est une interaction en constante évolution entre les deux.

## 3.5 L'observateur conscient : sommes-nous les créateurs de la réalité ?

La question de savoir si nous, êtres conscients, sommes les créateurs de la réalité est une investigation profonde et complexe qui explore les intersections entre conscience, perception et nature essentielle de l'univers. Cette question touche à la philosophie, à la mécanique quantique et aux neurosciences, nous invitant à nous demander si notre approche et notre perception du secteur jouent un rôle déterminant dans la formation de la matière même des faits. La vérité est-elle une entité fixe qui existe indépendamment de notre perception, ou notre conscience exerce-t-elle une influence sur l'espace que nous fréquentons ?

Pour répondre à cette question, il convient d'abord d'observer la nature de la conscience et son lien avec l'expression. La conscience peut être définie comme l'état d'être conscient de sa vie, de ses pensées et de son environnement. C'est ce qui nous permet d'apprécier le monde et d'y réfléchir. Tandis que nos sens collectent des données du monde extérieur, la reconnaissance nous permet de les analyser, de les interpréter et de leur donner un sens.

En observant quelque chose, nous ne sommes pas de simples récepteurs passifs d'informations sensorielles ; nous y interagissons activement. Notre esprit analyse et interprète les informations en fonction de nos connaissances, de nos idéaux et de nos attentes. Cette interprétation n'est généralement pas une représentation instantanée du monde extérieur, mais plutôt une reconstruction formée à partir de nos modèles mentaux. L'acte même d'exprimer une opinion n'est donc pas un simple reflet passif de la réalité, mais un engagement actif avec elle. Cela soulève la question : notre perception, par l'observation, participe-t-elle activement à la création ou à la manifestation du monde qui nous entoure ?

L'une des théories cliniques les plus connues suggérant un lien entre attention et réalité est l'« effet observateur » en mécanique quantique. En physique quantique, les débris tels que les électrons et les photons n'ont plus de propriétés spécifiques (rôle ou quantité de mouvement) tant qu'ils ne sont pas détectés. Le célèbre test de la double fente, par exemple, démontre que les débris se comportent différemment selon qu'ils sont observés ou non. Lorsqu'ils ne sont pas détectés, ils se comportent comme des ondes, existant dans plusieurs états simultanément. Cependant, dès qu'ils peuvent être mesurés ou observés, ils se désagrègent en un seul état, se comportant comme des débris.

Ce comportement a conduit certains à affirmer que la conscience elle-même pourrait également jouer un rôle dans la détermination de l'issue des événements quantiques. Selon ce point de vue, l'acte d'énoncer « crée » la réalité en réduisant la fonction ondulatoire à un règne spécifique. Bien que cette interprétation, dite de Copenhague, ait eu une influence, elle reste très controversée dans le milieu médical. Certains physiciens, ainsi que ceux qui soutiennent l' interprétation des mondes multiples, soutiennent que la réalité existe indépendamment de toute observation et que la fonction d'onde ne s'effondre que lorsque les effets sont pleinement enregistrés, pas toujours par un observateur conscient.

Néanmoins, l'influence de l'observateur en mécanique quantique a suscité de vastes discussions philosophiques sur le rôle de la reconnaissance dans la formation de la réalité. Si l'acte de commenter influence le résultat des expériences quantiques, cela signifie-t-il que l'attention est intimement liée à l'introduction ou à la manifestation de la réalité physique, ou s'agit-il clairement d'un artefact de notre façon de mesurer et d'observer l'espace ?

L'idée que la concentration puisse également jouer un rôle dans la création de la réalité est depuis longtemps un sujet de discussion en philosophie. L'idéalisme est l'un des courants de pensée les plus importants suggérant que la reconnaissance est essentielle à la création de la réalité. Selon cet idéalisme, la réalité est essentiellement de nature mentale, et les objets et événements physiques n'existent que s'ils sont perçus par l'esprit conscient. George Berkeley, chercheur de vérité, a défendu l'idée célèbre selon laquelle « être, c'est être perçu », ce qui signifie que l'existence des objets dépend de leur découverte par l'esprit.

En évaluation, le réalisme postule que le monde physique existe indépendamment de notre perception. Selon ce point de vue, la réalité est objective et extérieure, et notre attention ne la crée ni ne la façonne activement. Au contraire, elle perçoit une réalité qui existe en dehors d'elle-même. Les réalistes soutiennent que nos perceptions sensorielles nous fournissent des informations précises sur le monde, et que, tandis que notre esprit interprète et donne un sens à ces faits, le monde extérieur existe, que nous en soyons conscients ou non.

L'opposition entre idéalisme et réalisme a façonné une grande partie du discours philosophique sur le lien entre conscience et réalité. Alors que l'idéalisme postule que la conscience est importante pour la création des faits, le réalisme montre que les faits existent indépendamment de l'observateur, la connaissance servant pratiquement de moyen de percevoir cette vérité.

D'un point de vue neurobiologique, l'esprit joue un rôle essentiel dans la formation de notre notion de vérité. Le cerveau analyse les informations sensorielles de l'environnement et construit une version intellectuelle de ce monde, que nous apprécions ensuite comme « vérité ». Cependant, cette version mentale n'est pas toujours une réplique idéale du monde extérieur. Il s'agit plutôt d'un modèle simplifié qui nous permet de naviguer avec succès dans ce monde.

Cela soulève la question de savoir si la conscience, produit des mécanismes complexes de l'esprit, participe activement à la formation de la vérité que nous vivons. La capacité de l'esprit à créer des modèles cohérents du monde, entièrement basés sur des données sensorielles incomplètes ou ambiguës, indique que la vérité est, en quelque sorte, une construction de l'esprit. Si nos perceptions du monde sont façonnées par nos schémas mentaux, cela suggère-t-il que nous développons, d'une certaine manière, la réalité que nous vivons ?

De plus, des recherches en neurosciences ont montré que le cerveau fait continuellement des prédictions sur l'avenir, basées sur des expériences passées et des informations sensorielles. Ces prédictions façonnent nos perceptions et influencent notre interprétation des informations reçues. Dans ce contexte, le cerveau ne réagit pas nécessairement à l'environnement, mais en construit activement une version, alimentée à la fois par des apports externes et des processus internes. Si la concentration découle de ces mécanismes mentaux, on peut affirmer que notre conscience joue un rôle actif dans la formation de la réalité que nous percevons, même si la réalité n'est pas toujours la réalité « objectif » qui existe en dehors de notre esprit.

Au-delà de l'esprit

Certaines théories spéculatives suggèrent que la concentration n'est pas seulement essentielle à l'expérience humaine, mais qu'elle pourrait jouer un rôle fondamental dans l'univers lui-même. Par exemple, le physicien et chercheur de vérité David Bohm a proposé une vision « holistique » de la réalité, selon laquelle l'univers est un tout interconnecté, et la perception est un élément essentiel de la matière de la réalité. Selon Bohm, l'univers n'est pas constitué d'éléments distincts et indépendants, mais plutôt d'une zone de force unifiée, et la concentration est un élément clé de ce sujet.

Cette idée suggère que la connaissance pourrait ne pas être un sous-produit des processus corporels de l'esprit, mais plutôt une propriété fondamentale de l'univers, apparentée à l'espace et au temps. Dans cette perspective, notre conscience consciente peut être perçue comme la manifestation d'une reconnaissance profonde et fréquente qui sous-tend la matière des faits. Cette perspective renforce la possibilité que notre conscience individuelle ne soit pas indépendante de l'univers, mais y soit profondément liée, et que nos perceptions des faits soient façonnées par cette conscience largement répandue.

Le concept d'observateur conscient est également lié au débat sur l'hypothèse de la simulation, selon laquelle la réalité dont nous jouissons pourrait être une simulation artificielle créée par des êtres ou des technologies supérieurs. Si nous vivons dans une simulation, la question se pose : sommes-nous les créateurs de notre propre réalité, ou sommes-nous de simples individus au sein d'un ensemble fabriqué ? Si la concentration joue un rôle clé dans la formation de notre expérience de la réalité, cela confirmera que nous avons une certaine organisation dans l'environnement simulé.

Bien que l'hypothèse de la simulation soit particulièrement spéculative, elle soulève des questions intéressantes sur la nature de la réalité et le rôle de la conscience dans sa création. Si notre conscience et nos notions peuvent influencer la simulation, cela pourrait signifier que nous avons un certain contrôle sur la réalité dont nous bénéficions. En revanche, si la simulation est entièrement contrôlée par des forces externes, notre conscience peut se limiter à une position d'observateur passif, sans influence réelle sur le monde qui nous entoure.

L'idée que nous, observateurs conscients, puissions également jouer un rôle actif dans la création de la réalité est une croyance convaincante et inquiétante qui remet en question les conceptions conventionnelles de l'espace comme objectif, entité externe. Que ce soit à travers le prisme de la mécanique quantique, de la philosophie ou des neurosciences, la relation entre concentration et réalité demeure une question essentielle dans notre compréhension de l'univers. Si certaines interprétations suggèrent que notre perception de la réalité est une structure active façonnée par la concentration, d'autres soutiennent que la réalité existe indépendamment de notre esprit et que la conscience la perçoit indéniablement.

En fin de compte, le rôle de l'attention dans la construction de la vérité peut être plus nuancé et complexe que nous ne pouvons l'imaginer actuellement. Il est possible que notre attention ne soit pas seulement un observateur passif, mais un acteur actif de la construction de la réalité que nous expérimentons. Être les créateurs de la réalité ou percevoir véritablement un monde préexistant demeure l'un des mystères les plus profonds de l'exploration de la conscience et de la vie.

Fevzi H.

# CHAPITRE 4

## Les fondements physiques de la conscience et du temps

## 4.1 La deuxième loi de la thermodynamique : pourquoi le temps s'écoule-t-il toujours vers l'avant ?

Le temps, élément essentiel de notre quotidien, demeure l'un des concepts les plus passionnants de la physique et de la philosophie. Le deuxième principe de la thermodynamique, l'un des principes fondamentaux de la physique, apporte des éclaircissements importants sur la raison pour laquelle le temps semble constamment se déplacer dans une seule direction : vers l'avant. Ce chapitre explore les implications du deuxième principe de la thermodynamique sur notre perception du temps, son écoulement irréversible et son lien avec la concentration.

Fondamentalement, la deuxième loi stipule que dans tout système isolé, l'entropie totale (ou désordre) a tendance à augmenter avec le temps, pour finalement atteindre un état d'équilibre thermodynamique. L'entropie peut être considérée comme une mesure de la maladie ou du caractère aléatoire d'un système, et son augmentation indique le passage d'un état plus ordonné et prévisible à un état moins ordonné et plus chaotique. Cette croissance de l'entropie est le moteur de l'évolution du temps. En substance, la deuxième loi indique que les flux de points s'inscrivent dans le chemin de la maladie croissante, et que l'augmentation de l'entropie s'accompagne d'un écoulement du temps.

Ce mouvement unidirectionnel du temps est parfois appelé « flèche du temps », une idée intimement liée à la notion de temps dans la pensée humaine. Du réveil à l'endormissement, notre quotidien est rythmé par l'expérience constante d'un temps qui avance, et non qui recule. Mais pourquoi cela ? Le temps est-il une propriété inhérente à l'univers, ou est-il simplement une invention de notre perception et de notre évaluation de l'espace qui nous entoure ?

La Deuxième Loi nous offre un point de départ pour répondre à cette question en suggérant que l'écoulement du temps est lié à l'évolution de l'entropie dans l'univers. Les stratégies thermodynamiques, comme la combinaison des gaz ou la fonte des glaces, tendent généralement vers une zone d'entropie supplémentaire, irréversible. Une fois les gaz combinés ou la glace fondue, il est impossible d'inverser ces processus dans la vie quotidienne. Ce caractère irréversible des méthodes thermodynamiques reflète notre expérience habituelle du temps, qui semble évoluer dans un seul sens : de l'au-delà vers le futur.

Si la Deuxième Loi offre une explication convaincante de l'évolution du temps dans les systèmes physiques, elle laisse ouverte la question de son articulation avec notre perception subjective du temps. En tant qu'êtres conscients, nous percevons le temps non seulement à travers les mécanismes thermodynamiques qui nous entourent, mais aussi à travers le prisme de notre propre esprit. Nous savourons le passage du temps à travers le traitement des souvenirs, les anticipations du futur et nos perceptions du moment présent. Mais cette perception subjective du temps est-elle simplement le reflet de processus physiques comme l'entropie, ou y a-t-il quelque chose de plus profond en jeu ?

Certains philosophes et physiciens ont suggéré que la concentration elle-même pourrait être liée à l'écoulement du temps. L'augmentation de l'entropie, responsable du développement irréversible du temps, pourrait-elle être liée à notre compréhension et à notre jouissance du temps ? Notre attention, qui semble obéir aux préceptes de la mémoire, de l'anticipation et de la conscience présente, est-elle intrinsèquement liée à cette flèche du temps ? Pour répondre à cette question, il nous faut comprendre la nature de chaque temps et de chaque attention à un niveau plus profond.

La conscience, phénomène complexe et multiforme, demeure l'un des plus grands mystères de la technologie. Bien que de nombreuses théories aient été proposées, aucune ne peut à elle seule expliquer pleinement la nature de la reconnaissance ni la manière dont elle émerge des systèmes neuronaux du cerveau. Cependant, des idées intéressantes existent quant à la manière dont la reconnaissance est liée au temps. L'une de ces idées provient de la mécanique quantique, qui suggère que notre perception du temps pourrait être le résultat de processus quantiques se produisant dans le cerveau. Selon cette théorie, le cerveau pourrait fonctionner de manière quantique, les mécanismes quantiques lui permettant de traiter des données de manière non linéaire, créant ainsi une perception subjective du temps.

De plus, la relation entre la conscience et la deuxième loi de la thermodynamique a été explorée dans certaines théories spéculatives. Certains chercheurs soutiennent que la conscience pourrait également servir d'observateur permettant de « fixer » la flèche thermodynamique du temps dans l'espace. Dans cette optique, la conscience n'est pas seulement un observateur passif du monde, mais joue un rôle actif dans le déroulement du temps. Notre notion du temps pourrait, selon certains, refléter les mécanismes physiques fondamentaux qui régissent l'univers, notamment l'augmentation irréversible de l'entropie.

En approfondissant ce concept, il apparaît clairement que l'écoulement du temps n'est pas seulement un phénomène physique, mais qu'il est étroitement lié à notre expérience de la réalité. La deuxième loi de la thermodynamique explique clairement pourquoi le temps semble avancer, mais la relation entre ce principe physique et la conscience reste l'une des questions les plus profondes de la science. Quel est le lien entre la croissance de l'entropie, qui régit le monde physique, et notre

Fevzi H.

perception intérieure du temps ? Le passage du temps est-il simplement perçu ou est-il intrinsèque à la conscience elle-même ?

Dans les sections suivantes de cet ouvrage, nous étudierons comment la deuxième loi de la thermodynamique façonne notre perception du temps, comment cette loi influence notre perception subjective et comment elle est liée aux questions plus vastes de la concentration et de la nature fondamentale de l'univers. En explorant ces sujets, nous souhaitons éclairer les liens complexes entre le temps, la connaissance et l'univers – trois facteurs fondamentaux de notre vie qui ont longtemps captivé l'esprit des philosophes, des physiciens et des penseurs.

Au fil de notre exploration, nous explorerons l'impact de cette connaissance du temps sur notre perception de notre place dans le cosmos et nous demanderons si elle révèle une dérive temporelle plus profonde que ce que nous avons encore découvert. La question de savoir si le temps est une fonction fondamentale et immuable de l'univers ou un assemblage malléable façonné par notre conscience reste sans réponse définitive. Cependant, grâce à des recherches approfondies et à l'exploration des lois de la thermodynamique, de la mécanique quantique et de la nature de la connaissance, nous pourrions un jour découvrir la véritable nature du temps – et avec elle, notre compréhension de la matière même de la vérité.

## 4.2 La théorie de la relativité : la flexibilité du temps et de la conscience

La théorie de la relativité d'Albert Einstein, tant restreinte que générale, a révolutionné notre connaissance de l'espace, du temps et de la structure même de l'univers. Au cœur de ces théories se trouve l'idée profonde que le temps n'est pas une entité stable et immuable, mais une grandeur flexible et dynamique, intimement liée à l'espace. Cette idée remet fondamentalement en question nos études habituelles du temps comme progression linéaire et immuable. En découvrant les liens entre le concept de relativité, la flexibilité du temps et la nature de la conscience, nous commençons à comprendre comment ces pensées, réputées abstraites, peuvent façonner notre connaissance des faits.

La relativité restreinte, proposée pour la première fois par Einstein en 1905, a introduit la croyance révolutionnaire selon laquelle la vitesse de la lumière est constante pour tous les observateurs, quel que soit leur mouvement. Cette prise de conscience a de profondes implications sur notre perception du temps et de l'espace. L'un des effets les plus connus de la relativité restreinte est la dilatation du temps, phénomène par lequel le temps semble sauter plus lentement pour les objets se déplaçant à grande vitesse que pour ceux au repos.

Imaginez un vaisseau spatial voyageant à une vitesse proche de celle de la lumière. Selon un observateur terrestre, le temps à bord du vaisseau pourrait sembler ralentir. Pour les astronautes à bord, leurs horloges fonctionneraient normalement, mais vu de l'extérieur, le temps à bord pourrait être dilaté. Cet effet s'accentue à mesure que la vitesse du vaisseau se rapproche de celle de la lumière, ce qui provoque des étirements et des courbures du temps qui sont totalement étrangers à nos observations habituelles.

Cet étirement du temps remet en question la notion classique du temps comme mesure cohérente et universellement pertinente. Le temps, au sens relativiste, n'est pas une expérience uniforme. Il est plutôt très relatif au mouvement et à la position de l'observateur dans l'univers. La relativité restreinte introduit par conséquent une notion du temps profondément inflexible, où le passage du temps peut varier pour deux observateurs en fonction de leurs vitesses relatives. Cette perception a de profondes implications pour notre connaissance de la datation du temps à la conscience.

Du point de vue de la concentration, la dilatation du temps remet en question l'expérience statique et linéaire que nous avons habituellement du temps. Notre perception subjective du temps, au quotidien, s'écoule uniformément. Cependant, en observant les événements à grande vitesse à travers le prisme de la relativité, nous comprenons que le temps n'a pas de flux intrinsèque et fixe. Le cerveau, en tant qu'observateur conscient, est sensible au passage du temps de manière relative, façonné par des influences externes telles que la vitesse et la gravité. Cette prise de conscience invite à explorer plus avant comment la reconnaissance elle-même pourrait être favorisée par des conséquences relativistes.

Le concept de relativité générale d'Einstein, publié en 1915, reprend les concepts de la relativité restreinte et les étend à l'accélération et à la gravité. La relativité générale introduit la notion d'espace-temps, un continuum à quatre dimensions qui combine les trois dimensions de l'espace avec la quatrième dimension du temps. Selon la relativité générale, les objets massifs comme les étoiles et les planètes déforment l'espace-temps qui les entoure. Cette déformation de l'espace-temps a pour effet d'infléchir la trajectoire de la lumière et, surtout, d'influencer le passage du temps.

L'une des principales prédictions de la relativité générale est la dilatation gravitationnelle du temps : plus un objet est proche d'un corps massif, plus le temps semble ralentir par rapport à un observateur plus éloigné de la source gravitationnelle. Cet effet a été démontré expérimentalement en réglant des horloges atomiques à différentes altitudes (et donc dans des champs gravitationnels distincts). Les horloges situées à la surface de la Terre ont un temps de tic-tac plus lent que celles placées à des altitudes plus élevées, où l'attraction gravitationnelle est plus faible.

Les implications de la dilatation gravitationnelle du temps sont considérables. Dans un trou noir, par exemple, le champ gravitationnel est si intense que le temps, vu de loin, semblerait presque s'arrêter à l'horizon des événements. Pour un astronaute tombant dans un trou noir, le temps pourrait continuer à s'écouler normalement de son propre point de vue, mais pour un observateur extérieur, il pourrait sembler figé dans le temps à l'approche de l'horizon des événements. Cette déformation du temps remet en question notre compréhension moderne de l'évolution temporelle et suggère que le temps lui-même n'est pas une quantité absolue et fixe, mais qu'il est au contraire profondément affecté par l'environnement gravitationnel.

Pour la conscience, ces perspectives offrent un projet captivant à notre perception de la réalité. Nous apprécions le temps de manière linéaire, allant de l'au-delà vers le futur, mais dans la vision relativiste, le temps se comporte de manière beaucoup plus flexible. La perception du temps par l'esprit n'est pas statique, mais peut être influencée par des facteurs extérieurs tels que la vitesse et la gravité. Du point de vue d'un individu, l'expérience du temps n'est pas absolue, mais peut varier considérablement selon son corps de référence spatio-temporel.

La relation entre le temps et le centre d'intérêt, vue sous l'angle de la relativité, commence à évoluer et à prendre une nouvelle dimension. Dans notre vie quotidienne, nous vivons dans un flux temporel exceptionnellement constant, où l'au-delà, le présent et le futur sont distincts et nettement séparés. Cependant, la relativité restreinte et la relativité générale révèlent que le temps est, en réalité, bien plus fluide et relatif que nous ne le percevons habituellement.

La conscience elle-même pourrait-elle remettre en cause ces résultats relativistes ? Si les effets de la dilatation du temps sont généralement plus importants à des vitesses proches de celle de la lumière ou dans des champs gravitationnels intenses, ils suggèrent que notre perception consciente du temps pourrait être soumise à des effets relativistes similaires, quoique à une échelle plus réduite. Par exemple, dans des situations extrêmes comme un voyage à grande vitesse ou l'exploration de l'espace lointain, le passage du temps pourrait sembler exceptionnel pour les astronautes, même s'ils ne perçoivent pas immédiatement ces changements. Cet écart entre le temps subjectif et le temps réel devient encore plus fascinant lorsqu'on se souvient de la nature même de la perception.

La flexibilité du temps en relativité suggère que notre perception du temps pourrait être profondément liée à la structure fondamentale de l'univers. La conscience, en tant qu'observatrice du temps, pourrait jouer un rôle essentiel dans notre compréhension du passage du temps. Si le temps n'est pas absolu mais relatif, notre perception consciente du temps serait-elle, d'une manière ou d'une autre, liée à la structure même de l'espace-temps ? La perception cérébrale du temps est-elle simplement le reflet des phénomènes relativistes qui se produisent dans l'univers qui nous entoure ?

Une possibilité réside dans le fait que notre notion du temps ne se résume pas à un simple assemblage intellectuel, mais qu'elle est façonnée par les lois relativistes de l'univers. Notre cerveau, avec ses réseaux complexes de neurones, pourrait être en phase avec le passage du temps d'une manière qui reflète la structure sous-jacente de l'espace-temps. Cette idée ouvre la possibilité que la conscience et le temps soient étroitement liés d'une manière que nous commençons à peine à appréhender.

La flexibilité du temps, suggérée par la relativité, a également de profondes implications pour la psychologie et les neurosciences de la perception du temps. Notre perception du temps n'est pas seulement un reflet passif du monde extérieur ; c'est un processus actif influencé par les mécanismes internes du cerveau. Des recherches en neurosciences ont montré que le cerveau perçoit le temps via un réseau de circuits neuronaux, qui nous permettent d'évaluer le passage du temps et de prendre des décisions basées uniquement sur nos observations temporelles. Ces circuits neuronaux pourraient-ils également être sensibles aux effets relativistes, de sorte que notre

Au-delà de l'esprit

perception du temps devienne plus flexible dans des situations extrêmes ?

Des études sur les états de concentration modifiés, notamment ceux induits par la méditation, les substances psychédéliques ou les expériences de vie proches de la perte, ont montré que le temps peut sembler s'étirer ou se comprimer, et que la frontière entre passé, présent et destin peut s'estomper. Ces récits suggèrent que la perception du temps pourrait ne pas être constante, mais se former grâce à des éléments intérieurs et extérieurs. La relativité pourrait-elle jouer un rôle dans ce phénomène ? Si le temps est physiquement flexible, notre cerveau pourrait-il exploiter cette adaptabilité dans certaines conditions, entraînant ainsi une perception altérée du temps ?

La théorie de la relativité offre une nouvelle perspective sur le temps, suggérant qu'il ne s'agit pas d'une entité immuable et absolue, mais d'une dimension dynamique et flexible, influencée par le mouvement, la gravité et la configuration même de l'espace-temps. La conscience, en tant qu'observatrice du temps, est profondément liée à ces résultats relativistes, offrant un point de vue captivant sur la relation entre le temps, l'espace et l'esprit humain. En continuant d'explorer les effets de la relativité sur les dimensions physique et mentale du temps, nous pouvons également ouvrir de nouvelles perspectives sur la nature même de la réalité et le rôle de la reconnaissance en son sein.

## 4.3 Mécanique quantique, probabilités et structure du temps

La mécanique quantique, concept essentiel de la physique décrivant la nature aux plus petites échelles électriques des atomes et des débris subatomiques, a profondément modifié notre compréhension des faits. Contrairement à la mécanique classique, qui traite d'événements déterministes et de résultats prévisibles, la mécanique quantique est essentiellement probabiliste. Dans ce cadre, les débris n'ont pas de position ni de quantité de mouvement particulières tant qu'elles ne sont pas déterminées, mais évoluent dans un monde de hasards, régi par des caractéristiques ondulatoires.

Alors que la mécanique quantique remet en question notre vision classique du temps, elle invite également à une réflexion approfondie sur la structure même du temps. Quel est le lien entre les possibilités, la superposition et l'influence de l'observateur et le passage du temps ? La mécanique quantique peut-elle offrir une perception de la malléabilité du temps, et quel lien pourrait-elle avoir avec la focalisation qui le rapporte ? Ces questions, à l'intersection de la physique et de la conscience, offrent une perspective approfondie sur la nature fondamentale de la réalité, du temps et de notre position d'observateur.

Au cœur de la mécanique quantique se trouve le concept de dualité onde-corpuscule. Selon ce principe, les particules, ainsi que les électrons et les photons, présentent un comportement à la fois particulaire et ondulatoire. Cette dualité est illustrée par le célèbre test de la double fente, où des débris traversant deux fentes créent un motif d'interférence sur l'écran d'un détecteur, similaire à la conduction des ondes. Cependant, une fois localisées, les particules se comportent comme des dispositifs discrets, ne traversant qu'une seule fente à la fois. Cela suggère qu'au niveau quantique, l'acte même d'émission influence le résultat.

Cette nature probabiliste de la mécanique quantique introduit le concept de superposition : un dispositif quantique existe simultanément dans tous les états possibles jusqu'à sa mesure. Par exemple, un électron peut exister dans plusieurs positions autour d'un atome, chacune avec une probabilité positive, jusqu'à sa découverte, moment auquel il s'effondre dans un état spécifique. Ce phénomène souligne l'idée qu'au niveau quantique, la réalité n'est pas toujours déterministe, mais existe dans un état de probabilités, anticipant qu'un observateur la décompose en un état concret.

La mécanique quantique suggère donc que la structure de la réalité n'est pas aussi fixe et prévisible que la physique classique le suggère. Elle est plutôt probabiliste, fluctuant entre différents effets de capacité jusqu'à ce qu'elle soit localisée. Cette incertitude inhérente soulève des questions essentielles sur le rôle de la reconnaissance dans la formation de la réalité, notamment lorsqu'on étudie la relation entre le temps et l'influence de l'observateur. Si le temps, au niveau quantique, n'est pas continu, mais plutôt une chaîne de possibilités, comment pouvons-nous, en tant qu'êtres conscients, comprendre et expérimenter cette réalité fluctuante ? Le temps lui-même est-il un phénomène probabiliste, avec plusieurs chronologies de capacité, qui se confondent en une seule lorsque nous l'observons ?

L'une des principales énigmes de la mécanique quantique est le « problème de la dimension ». Selon l'interprétation de Copenhague, les débris existent dans un royaume de superposition – existant immédiatement dans tous les états possibles – jusqu'à ce qu'ils soient mesurés. À ce moment, la caractéristique ondulatoire s'effondre et la particule adopte un état spécifique. L'acte de dimension, ou observation, est ce qui amène la machine à l'un de ses états possibles. Ce concept soulève la question suivante : qu'est-ce qu'une observation, et comment la présence d'un observateur conscient influence-t-elle la décomposition de la caractéristique ondulatoire ?

Dans le contexte du temps, l'effet observateur impose des situations exigeantes, et notre connaissance conventionnelle du temps suit le courant. Si le temps est un flux ininterrompu et immuable, pourquoi la mécanique quantique suggère-t-elle que les événements ne deviennent précis que lorsqu'ils sont localisés ? Cela suggère que le point, tout comme les particules elles-mêmes, pourrait ne pas être une mesure fixe et linéaire, mais une mesure frappée par l'acte d'observation. Dans cette expérience, le temps peut également exister dans un état de superposition, avec de multiples conséquences potentielles, qui ne peuvent être « réduites » en une seule vérité que lorsque l'attention se porte sur l'instrument.

Le problème de la dimension et la position de l'observateur montrent que la concentration ne se contente pas d'observer passivement le passage du temps, mais participe activement à l'introduction de la réalité temporelle. Ce concept a été exploré dans diverses interprétations philosophiques de la mécanique quantique, notamment la théorie des « mondes multiples », selon laquelle chaque résultat viable d'un événement quantique existe dans un univers parallèle. Dans cette perspective, le temps ne serait pas un fil conducteur unique et continu, mais plutôt une structure probabiliste ramifiée, avec des chronologies différentes coexistant et évoluant simultanément, attendant d'être maîtrisées.

Un autre phénomène clé de la mécanique quantique, qui remet en question notre compréhension traditionnelle du temps, est l'intrication quantique. Lorsqu'une ou plusieurs particules sont intriquées, leurs propriétés s'entremêlent de telle sorte que l'état d'une particule affecte instantanément l'état de l'autre, quel que soit l'espace qui les sépare. Cette non-localité, où les données semblent se déplacer plus vite que la vitesse de la lumière, contredit directement la vision classique selon laquelle les données ne peuvent se déplacer qu'à une vitesse finie.

Les implications de l'intrication pour la structure du temps sont profondes. Si les débris peuvent s'influencer mutuellement instantanément, quelle que soit la distance, alors la perception traditionnelle du temps comme une séquence linéaire d'activités est remise en question. Se pourrait-il que le passage du temps ne soit pas aussi linéaire et ordonné que nous le concevons ? Peut-être que le temps, comme l'intrication quantique, ne se limite pas au flux local d'événements, mais est plutôt interconnecté selon des mécanismes qui transcendent les frontières spatiales et temporelles. Cette interconnexion remet en question la structure même du temps en tant que flux unique et cohérent et montre que le flot du temps peut être bien plus complexe et intriqué qu'on ne l'imagine.

Pour attirer l'attention, cette interconnexion suscite des questions captivantes. Si les systèmes quantiques sont intriqués et s'influencent mutuellement au-delà des contraintes d'espace et de temps, notre expérience consciente devrait-elle également être intriquée avec la structure plus vaste de l'univers ? Notre perception du temps et du monde qui nous entoure pourrait-elle être influencée par des interactions quantiques non-spatiales, façonnant notre connaissance du passé, du présent et du futur d'une manière qui dépasse les limites de notre expérience ordinaire ?

L'un des plus grands mystères de la physique classique et quantique est la « flèche du temps » : la question de savoir pourquoi le temps semble se déplacer dans une seule direction, du passé au présent, puis au futur. En mécanique classique, les lois de la physique sont symétriques par rapport au temps, ce qui signifie qu'elles ne font pas de distinction intrinsèque entre le passé et le futur. Cependant, dans notre expérience quotidienne, le temps ne se déplace que dans une seule direction : c'est la flèche du temps.

Au niveau quantique, la situation est encore plus déroutante. La mécanique quantique repose sur des concepts probabilistes, où les événements peuvent se produire de multiples façons possibles. Or, nous bénéficions d'une progression linéaire du temps, où la raison précède l'effet. Cette contradiction apparente entre la symétrie fondamentale de la mécanique quantique et la flèche du temps intrigue les physiciens depuis des années.

La solution à ce paradoxe pourrait également résider dans le concept d'entropie, tel que décrit par la deuxième loi de la thermodynamique. En termes simples, l'entropie mesure le degré de désordre d'un système. Au fil du temps, les structures ont généralement tendance à passer d'états de faible entropie (ordre supérieur) à des états d'entropie supérieure (état plus grave). Cela fournit une explication statistique du cours du temps : les événements tendent généralement à se déplacer vers un état plus grave, ce qui nous donne l'impression que le temps s'écoule du passé vers le futur. En mécanique quantique, la flèche du temps pourrait être liée aux tendances statistiques des états quantiques à se rapprocher d'une entropie supérieure, même si les lois fondamentales de la physique sont symétriques dans le temps.

Ce lien entre l'entropie et la flèche du temps suggère que, si la mécanique quantique peut également permettre plusieurs possibilités à l'échelle microscopique, le monde macroscopique que nous connaissons est façonné par des phénomènes probabilistes qui suivent la flèche du temps, entraînée par le désordre croissant de l'univers. Ainsi, le temps dans le monde quantique peut paraître flexible et incertain, mais à plus grande échelle, il suit une direction claire, décrite par l'entropie croissante de l'univers.

Alors que la mécanique quantique continue de remettre en question notre compréhension du temps, elle ouvre également des perspectives fascinantes sur la nature de la conscience et sa relation avec le monde quantique. La conscience pourrait-elle être concernée par l'effondrement des fonctions d'ondes quantiques, qui façonnent le passage du temps ? Le cerveau, fonctionnant à l'échelle quantique, pourrait-il influencer la perception du temps ? Et si oui, quel effet cela a-t-il sur notre compréhension du libre arbitre et du déterminisme ?

La mécanique quantique montre que le temps, tout comme d'autres phénomènes physiques, pourrait ne pas être aussi fixe ou linéaire que nous le concevons. La nature probabiliste des systèmes quantiques, la position de l'observateur dans les capacités d'effondrement des ondes et la non-localité de l'intrication quantique sont autant de signes qui suggèrent une forme de temps bien plus fluide, interconnectée et complexe que ce que nous avons historiquement compris. À mesure que notre expertise en mécanique quantique s'approfondit, nous pourrions également découvrir de nouvelles perspectives sur la façon dont la conscience interagit avec la structure de la réalité, façonnant non seulement la perception du temps, mais aussi la nature même de l'univers.

## 4.4 Chronologies parallèles et réalités alternatives

Le concept de chronologies parallèles et de réalités parallèles intéresse scientifiques et philosophes depuis des siècles, inspirant diverses interprétations de la mécanique quantique et de la nature du temps. L'idée que plusieurs versions de la réalité puissent exister simultanément, chacune évoluant indépendamment ou en parallèle, remet en question notre perception du temps comme une évolution linéaire unique. Dans ce contexte, le temps n'est pas perçu comme un mouvement unidirectionnel venu de l'au-delà et destiné au destin, mais comme une structure fluide et ramifiée englobant plusieurs conséquences possibles, chacune constituant une chronologie ou une réalité de changement unique.

Les chronologies parallèles et les réalités alternatives ne sont pas de simples théories spéculatives propres à la science-fiction ; elles sont profondément ancrées dans les interprétations de la mécanique quantique, de la cosmologie et de la nature même des modes de vie. Ces réflexions nous invitent à repenser la nature du temps et le rôle de la concentration dans la formation de la réalité. Se pourrait-il que chaque décision, chaque événement, engendre une nouvelle réalité, avec une infinité de conséquences possibles coexistant en parallèle ? Qu'est-ce que cela signifie pour la jouissance du temps et la nature de la conscience lorsqu'elle navigue à travers ces multiples réalités ? En explorant ces questions, nous découvrons une vision plus vaste et dynamique du temps, intimement liée à la trame même du cosmos.

L'un des cadres les plus largement évoqués pour les chronologies parallèles de l'information est l'Interprétation des Mondes Multiples (IMM) de la mécanique quantique. Proposée par le physicien Hugh Everett en 1957, l'IMM montre que chaque événement quantique a plusieurs conséquences possibles et qu'au lieu de se réduire à une seule réalité, ces conséquences coexistent dans des branches distinctes et non communicantes de l'univers. Chaque résultat possible d'un événement quantique existe dans son propre univers parallèle, dans lequel les événements de cet univers se propagent indépendamment des autres.

Selon cette interprétation, l'observation ne décompose pas la caractéristique ondulatoire en un seul domaine, comme le propose l'interprétation de Copenhague. Au contraire, tous les effets possibles continuent d'exister dans des réalités parallèles, et notre attention perçoit réellement l'un d'entre eux. Dans cette perspective, l'univers n'est pas une progression temporelle linéaire et uniforme, mais un vaste multivers ramifié, où chaque décision, dimension ou événement quantique crée une nouvelle branche de réalité.

L'interprétation des mondes multiples propose une refonte radicale du temps et de la réalité. Au lieu de considérer le temps comme une ligne temporelle unique et déterministe, elle introduit le concept d'une multitude de lignes temporelles parallèles, chacune représentant un résultat unique de chaque événement quantique possible. Ces lignes temporelles ne sont pas seulement théoriques ; ce sont des réalités réelles et tangibles, chacune avec sa propre vision du passé, du présent et du futur. Les implications de cette vision projettent notre compréhension traditionnelle de la causalité, de la volonté libre et de la nature même de l'existence.

Dans le contexte de la mécanique quantique, la superposition désigne le phénomène par lequel des particules existent simultanément dans plusieurs états, ne se détectant qu'à un endroit précis lors de leur découverte. Ce concept est important pour l'interprétation des mondes multiples, selon laquelle tous les résultats possibles d'un événement quantique existent simultanément dans un état de superposition, créant ainsi plusieurs réalités parallèles. Mais qu'advient-il du temps dans un tel cas ?

En physique classique, le temps est une évolution continue et linéaire du passé vers le futur. Cependant, dans le monde quantique, la superposition indique que le temps ne sera pas un flux constant et unidirectionnel. Si chaque événement quantique produit plusieurs résultats possibles, cela implique que le temps n'est pas un chemin unique et immuable, mais un réseau ramifié, chaque branche représentant une chronologie distincte et parallèle. Ces branches, chacune représentant un modèle spécifique de réalité, ne fusionnent ni n'interagissent les unes avec les autres, mais évoluent indépendamment.

Cette ramification du temps suggère que son écoulement pourrait être bien plus fluide et dynamique que nous ne le concevons au quotidien. Au lieu d'une chronologie unique et prédéterminée, le temps pourrait être perçu comme un réseau de plusieurs chronologies parallèles, chaque choix ou événement créant une divergence, conduisant à la formation d'une nouvelle réalité. Cette vision redéfinit notre perception du temps comme un phénomène nouveau et linéaire et suggère que le temps pourrait aussi, en réalité, être plus complexe et interconnecté, avec une infinité de possibilités coexistant simultanément.

Le concept de lignes temporelles parallèles et de réalités changeantes soulève de profondes questions sur la relation entre conscience et temps. Si plusieurs réalités coexistent, la perception du temps elle-même devient subjective, façonnée par nos choix et les lignes temporelles que nous habitons. Notre conscience ne parcourt pas véritablement une ligne temporelle fixe, mais navigue plutôt entre différentes branches de la vérité, faisant l'expérience de multiples variations d'événements et de choix en parallèle.

Cette idée a d'importantes implications sur la nature du libre arbitre. Si chacune de nos décisions engendre une nouvelle réalité, cela signifie-t-il que nos choix ne sont pas aussi déterministes qu'ils le paraissent ? Dans un multivers de réalités parallèles, où chaque résultat viable se déroule dans une chronologie distincte, le libre arbitre prend une nouvelle dimension. Plutôt que d'être confiné à une seule réalité, notre conscience pourrait être perçue comme un voyageur entre des chronologies distinctes, subissant les conséquences de chaque désir, de chaque mouvement et de chaque résultat possible. Dans cette optique, le temps devient une construction dynamique et fluide, offrant des voies infinies à explorer.

La croyance en des réalités changeantes exige également notre connaissance de la causalité. En physique classique, la raison et l'effet sont des concepts fondamentaux qui régissent le déroulement du temps. Cependant, dans un multivers de lignes temporelles parallèles, la raison et l'effet peuvent également ne pas être aussi sincères. Si les événements d'une ligne temporelle ne sont pas causalement liés à ceux d'une autre, cela montre que le cours du temps et la causalité ne sont peut-être pas prédominants, mais plutôt spécifiques à chaque ligne temporelle. Cela soulève l'hypothèse intéressante que notre perception du temps ne soit qu'un effet parmi d'autres, façonné par notre conscience lorsqu'elle navigue dans le multivers ramifié.

Si le temps n'est pas toujours une progression linéaire et univoque, mais plutôt un réseau ramifié de réalités parallèles, comment le temps s'écoule-t-il à travers ces lignes temporelles distinctes ? Dans l'interprétation des mondes multiples, chaque univers parallèle évolue indépendamment, avec son propre modèle temporel. Ces lignes temporelles ne sont reliées par aucun axe temporel commun, et de ce fait, le temps d'un univers peut fluctuer différemment de celui d'un autre.

Une implication viable de cette idée est que le temps lui-même pourrait être relatif non seulement aux observateurs d'une réalité donnée, mais aussi aux réalités qu'ils habitent. Tout comme le temps semble ralentir à proximité de la lumière ou en présence de champs gravitationnels puissants, le temps dans différents univers parallèles devrait se comporter différemment selon les événements qui s'y déroulent. Le flux temporel dans un univers est probablement très différent de celui d'un autre, créant un réseau complexe et en constante évolution de réalités, chacune possédant sa propre dynamique temporelle.

Cette ramification du temps pourrait également expliquer certains phénomènes qui semblent remettre en question notre compréhension traditionnelle du temps. Par exemple, les événements qui semblent transgresser la causalité, tels que les paradoxes temporels, pourraient être considérés comme le résultat d'interactions entre des chronologies parallèles. Dans cette optique, ce que nous percevons comme une anomalie temporelle pourrait bien résulter du chevauchement de deux réalités distinctes, chacune ayant sa propre forme causale. Cette théorie remet en question notre perception du temps comme une dérive fixe et immuable et démontre que sa nature est bien plus complexe et multiforme que ce que nous pouvons comprendre actuellement.

L'exploration des chronologies parallèles et des réalités alternatives implique une refonte radicale de la nature même de la réalité. Dans un multivers, la réalité n'est pas un tout unique et unifié, mais un ensemble de chronologies illimitées et indépendantes, chacune avec sa propre version des événements et son propre écoulement du temps. Cette vision remet en question nos notions conventionnelles d'espace et de temps, suggérant que l'univers n'est pas une entité statique et immuable, mais un réseau dynamique et évolutif de réalités parallèles, chacune évoluant selon ses propres règles.

Dans ce cadre multiversal, la conscience joue un rôle important dans la définition de la vérité. Plutôt que d'observer passivement le passage du temps, l'attention navigue activement entre des lignes temporelles différentes, faisant l'expérience de multiples versions d'événements et de choix. Cette vision de la réalité non seulement remodèle notre perception du temps, mais redéfinit également la nature même de l'existence. Si notre attention est capable d'habiter plusieurs lignes temporelles, alors les limites du soi, du passé et du futur deviennent fluides, interconnectées et infiniment extensibles.

Le concept de lignes temporelles parallèles et de réalités changeantes offre une perspective profondément nouvelle sur la nature du temps, de la connaissance et de l'existence. En considérant le temps comme une forme probabiliste ramifiée, nous ouvrons de nouvelles perspectives pour comprendre la dynamique du cosmos, le rôle de l'attention dans la formation des faits et la nature même du multivers. À mesure que notre connaissance de la mécanique quantique et de la nature des faits évolue, la possibilité de lignes temporelles alternatives et de réalités parallèles devient un domaine de recherche de plus en plus crucial, promettant de redéfinir la trame même du temps et de la vie.

## 4.5 Le lien profond entre la conscience et le temps

La relation entre la conscience et le temps est un sujet de fascination et de débat philosophique depuis des siècles. Ces deux concepts, si essentiels à la vie humaine, sont intrinsèquement liés, mais leur lien reste insaisissable. Le temps est la mesure constante du déroulement des événements, et la concentration est la perception subjective par laquelle nous les percevons. Comprendre comment ces éléments sont liés offre une compréhension approfondie de la nature de la réalité, du libre arbitre et de la structure de l'univers lui-même.

Fondamentalement, notre perception du temps est indissociable de notre concentration consciente. L'écoulement du temps, tel que nous le percevons, est une production de l'esprit, formée à la fois par les informations sensorielles que nous recueillons et par les stratégies mentales que nous utilisons pour organiser ces enregistrements. Cependant, cette

Fevzi H.

technologie ne reflète pas toujours la nature réelle du temps, qui peut agir bien au-delà des limites de la perception humaine. Le lien profond entre la conscience et le temps nous incite à nous rappeler comment les deux interagissent non seulement dans notre esprit, mais aussi à un niveau essentiel dans le cosmos.

Notre perception du temps est, dans une large mesure, déterminée par la manière dont notre conscience traite les données qu'elle reçoit. L'esprit, en interaction avec le monde extérieur, assemble les moments d'expérience en un récit continu, donnant naissance au sentiment de « l'instant présent ». Le passé est conservé comme souvenir, le destin comme attente, et le présent est vécu comme un instant en perpétuel mouvement qui se prolonge dans le passé. Pourtant, ce récit n'est pas statique ; il est façonné par la nature même de l'attention, qui interprète et réinterprète constamment les informations sensorielles pour créer une expérience cohérente du temps.

Dans ce contexte, la reconnaissance peut être perçue comme un « gardien du temps » qui ordonne et organise le déroulement des activités, mais elle n'est pas pour autant un observateur passif. La conscience construit activement notre perception du temps en organisant les informations sensorielles qu'elle reçoit, en organisant le but et l'impact, et en préservant un sentiment de continuité entre le passé, le présent et l'avenir.

Au-delà de l'esprit

Cette fonction dynamique de la conscience soulève des questions cruciales : comment la reconnaissance façonne-t-elle une expérience continue du temps alors que l'esprit est constamment bombardé de stimuli fragmentés ? Et comment ces processus intellectuels sont-ils liés à la réalité physique du temps, telle que comprise par la physique moderne ?

Les théories modernes de la mécanique quantique, de la relativité et de la cosmologie ont ouvert de nouvelles perspectives sur le temps, montrant que celui-ci n'est peut-être pas aussi précis que nous le pensons. Selon le principe de relativité d'Einstein, le temps n'est pas une horloge absolue et universelle, mais une dimension relative et flexible qui varie en fonction de la vitesse et de la position de l'observateur dans l'espace. Cette relativité du temps remet en question la vision classique d'un écoulement du temps fixe et immuable. Mais quel est le lien entre cette notion flexible du temps et notre perception subjective de celui-ci ?

Une possibilité réside dans le fait que la conscience, au-delà de la simple réflexion sur le passage du temps, peut également contribuer à le façonner. Si le temps est relatif et dépend de l'observateur, il s'ensuit que la conscience elle-même peut influencer la perception du temps, non seulement par le biais de son interprétation, mais aussi par son interaction avec le temps en tant que dimension physique. Dans cette perspective, le temps ne serait pas véritablement une toile de fond pour la conscience ; l'attention participerait activement à sa structure. Cette théorie montre que notre perception du temps peut varier selon différents niveaux de focalisation, où le temps peut sembler ralentir, s'accélérer, voire apparaître comme hors sujet dans certaines situations.

Un élément important du lien entre conscience et temps est notre perception du moment présent. Pour la plupart des gens, l'instant présent semble s'évanouir une fois vécu, créant l'illusion d'un flot continu et ininterrompu. Cependant, cette perception du moment présent est loin d'être simple. Elle est façonnée par la capacité du cerveau à traiter les données en temps réel et, dans une certaine mesure, à anticiper les événements futurs à partir des données passées. Ce traitement intellectuel crée l'illusion du « maintenant », mais la réalité peut être plus complexe.

Dans certaines traditions philosophiques, le temps est considéré comme un fantasme, l'au-delà, le don et le destin étant présents simultanément comme un tout éternel. Cette perspective montre que notre attention peut être limitée par le flux linéaire du temps, nous empêchant d'expérimenter immédiatement cette vérité immortelle. D'un point de vue plus médical, la question se pose : notre notion du moment présent est-elle un reflet direct du temps, ou un assemblage intellectuel, façonné par les contraintes de notre concentration consciente ?

Au-delà de l'esprit

Le traitement des informations sensorielles par l'esprit pourrait être responsable de la façon dont nous percevons le temps comme un processus linéaire, même si, en mécanique quantique, le temps n'est pas aussi bien ordonné. La sensation de l'instant présent, aussi fugace soit-il, peut également naître de la tentative de notre cerveau d'imposer un ordre au cours chaotique des événements. En se concentrant sur le « maintenant », l'esprit construit un récit cohérent qui nous permet d'évoluer dans un monde régi par le temps. Cette production, cependant, pourrait être loin d'une véritable image reflétée de la nature fondamentale du temps.

Le lien entre attention et temps prend une dimension encore plus fascinante lorsqu'on l'examine dans le contexte de la mécanique quantique. En théorie quantique, les débris subsistent dans un royaume de hasard jusqu'à ce qu'ils soient localisés et s'effondrent dans un état particulier. Cela suggère que la réaction – par l'intermédiaire d'un être conscient – pourrait également jouer un rôle dans la formation des effets des événements quantiques. Certaines interprétations de la mécanique quantique, dont l'interprétation de Copenhague, suggèrent même que l'attention est responsable de l'effondrement de la fonction d'onde quantique, transformant les événements en réalité.

Si l'accent est ainsi mis sur la matière même de la vérité, il s'ensuit que notre perception du temps pourrait être stimulée par les mécanismes quantiques à un stade crucial. Les effets quantiques, tels que la superposition et l'intrication, brouillent les frontières entre passé, présent et destin, et certains théoriciens ont suggéré que la conscience pourrait accéder à des moments précis du temps grâce aux mécanismes quantiques. Cela pourrait expliquer des phénomènes tels que la précognition, la dilatation du temps et d'autres phénomènes qui semblent transcender le cours normal du temps.

La notion de temps en mécanique quantique se distingue sensiblement de la théorie classique. Il ne s'agit pas d'une progression continue et linéaire, mais plutôt d'un flux dynamique et probabiliste où coexistent plusieurs résultats possibles . La conscience, en tant qu'observateur, peut également jouer un rôle dans le choix de la chronologie ou de la réalité à actualiser, reliant ainsi la perception du temps au processus d'expression.

L'une des questions les plus profondes de l'étude du temps est : d'où vient le temps ? Est-il un élément essentiel de l'univers, ou un sous-produit de la manière dont l'attention interagit avec le monde physique ? Certaines théories de la gravitation quantique suggèrent que le temps lui-même pourrait émerger d'un état plus fondamental, immuable. Selon ce point de vue, le temps n'est pas une propriété intrinsèque de l'univers, mais une construction issue des interactions complexes entre le compte, l'énergie et la connaissance.

Au-delà de l'esprit

Dans ce cadre, la conscience joue un rôle central dans l'émergence du temps. Plutôt que d'être l'observatrice passive d'une chronologie préétablie, la conscience participe activement à la création et à l'expérience du temps lui-même. Cette attitude ouvre la perspective que le temps n'est pas un phénomène fréquent et objectif, mais une expérience subjective, façonnée par l'observateur et ses interactions avec le monde.

Cette conception croissante du temps comme expérience subjective et consciente a de profondes implications sur notre compréhension de l'univers. Si le temps n'est pas une constante immuable, mais un phénomène inflexible, établi par l'observateur, alors la forme de la réalité elle-même pourrait être bien plus fluide et dynamique qu'on ne le pensait auparavant. La conscience, plutôt que d'être un sous-produit du temps, peut être le moteur même de son écoulement et façonner notre expérience de la vérité.

Le lien entre la reconnaissance et le temps est l'un des aspects les plus profonds et mystérieux de l'expérience humaine. Le temps n'est pas une simple notion abstraite ou une simple toile de fond de nos vies, mais une mesure fondamentale de la réalité, intimement liée à la trame même de nos vies. La conscience, en tant qu'expérience subjective de la réalité, joue un rôle essentiel dans la formation de notre perception du temps et de l'espace qui nous entoure.

À mesure que notre compréhension du temps et de la concentration évolue, nous pourrions en venir à considérer le temps non plus comme une évolution linéaire, mais comme un réseau dynamique et ramifié d'opportunités, formé par l'attention qui l'observe. Le lien profond entre concentration et temps nous invite à repenser notre place dans l'univers, la nature de la vérité et la forme même de la vie. Il suggère que la conscience, loin d'être un observateur passif, est un acteur actif du déroulement du temps et de l'apparition de la réalité. En continuant d'explorer les mystères du temps, nous pourrions finalement découvrir que le temps n'est pas seulement une dimension du cosmos, mais la conscience même du cosmos.

# CHAPITRE 5

## Voyage dans le temps et les limites de la conscience

## 5.1 Le voyage dans le temps est-il possible avec l'esprit ?

Le concept de voyage dans le temps fascine depuis longtemps, non seulement en science-fiction, mais aussi au sein des États-nations de la physique théorique et de la psychologie. La possibilité de voyager dans le temps – de se déplacer librement entre le passé, le présent et le destin – semble impossible dans les limites de nos connaissances médicales actuelles. Pourtant, certaines théories suggèrent que ce voyage serait possible grâce à des mécanismes faisant appel non seulement à l'espace-temps, mais aussi aux capacités du cerveau humain.

Pour explorer la possibilité d'un voyage dans le temps par la pensée, il faut d'abord établir la nature même du temps. Traditionnellement, le temps était perçu comme une progression linéaire, chaque seconde s'écoulant inexorablement du passé vers le présent et vers le futur. Cependant, les théories contemporaines de la physique, principalement dans les domaines de la mécanique quantique et de la relativité, confirment cette vision réaliste, suggérant que le temps peut être bien plus malléable qu'on ne le pensait.

La première étape pour explorer le voyage dans le temps consiste à comprendre la nature même du temps. Selon la physique classique, le temps est généralement considéré comme un temps constant, s'écoulant à un rythme uniforme, quel que soit le lieu de déplacement de l'observateur. Cependant, la théorie de la relativité d'Einstein a fondamentalement modifié notre perception du temps, suggérant qu'il n'est pas absolu, mais relatif. Le temps peut s'étirer et se comprimer en fonction de la vitesse et du champ gravitationnel d'un observateur. Dans des conditions extrêmes, comme lorsque l'on se déplace à une vitesse proche de celle de la lumière, le temps ralentit, ce qui entraîne ce que l'on appelle la dilatation du temps.

Ce phénomène, bien que théoriquement vérifié, se produit surtout dans des circonstances exceptionnelles et intenses, bien au-delà des capacités de la génération humaine actuelle. Pourtant, l'idée que le temps lui-même ne soit pas un ensemble cohérent ouvre la voie à la manipulation du temps, notamment au voyage temporel.

Au stade quantique, le temps se comporte de manière étrange et contre-intuitive. La mécanique quantique, théorie qui régit le comportement des débris aux plus petites échelles, introduit le concept de superposition, où les particules peuvent exister simultanément dans plusieurs états. Cela montre que le temps pourrait ne pas être aussi linéaire que nous le percevons. Certaines théories suggèrent que l'attention joue un rôle essentiel dans l'effondrement de la caractéristique ondulatoire quantique, c'est-à-dire dans la réalisation de réalités de capacité par leur observation.

Le lien entre la reconnaissance et la mécanique quantique est communément appelé « effet observateur ». En substance, l'acte d'énonciation – ou la reconnaissance elle-même – semble orienter le règne d'un système quantique. Si la conscience a un tel effet sur le monde matériel à l'échelle quantique, pourrait - elle également affecter l'écoulement du temps ? Le concept d'influence des pensées sur la mesure temporelle est fascinant, bien qu'il reste spéculatif et largement inexploré.

Notre perception subjective du temps est fortement influencée par notre esprit. Si le temps est souvent perçu comme une notion objective – un phénomène extérieur qui s'écoule indépendamment de l'activité humaine –, notre perception du temps peut varier considérablement selon nos états d'esprit, nos expériences émotionnelles, voire nos conditions physiologiques. Par exemple, dans les moments de conscience intense ou d'émotion intense, le temps peut sembler s'étirer ou se comprimer. À l'inverse, lors d'activités sportives banales ou monotones, le temps peut sembler s'éterniser sans fin.

Cette variabilité de la perception du temps suggère que l'esprit joue un rôle essentiel dans la formation de notre perception du temps. Cette influence pourrait-elle dépasser la simple notion et permettre à l'esprit d'influencer instantanément le cours du temps lui-même ? Certains suggèrent que les états de concentration modifiés ressentis lors de la méditation, les états de transe profonde ou les expériences de mort imminente pourraient également offrir un aperçu de la manière dont le temps peut être manipulé, permettant à l'esprit de voyager au-delà de la linéarité du temps traditionnel.

Et si l'esprit pouvait voyager dans le temps sans mouvement physique ni époque ? Le concept de voyage mental dans le temps a été exploré dans de nombreuses traditions spirituelles et discussions philosophiques. Par exemple, le concept de « projection astrale » suggère que la conscience peut quitter le corps physique et explorer d'autres états de vie, y compris le passé et le futur. Dans ces états altérés, les praticiens prétendent accéder à des souvenirs, des visions et des intuitions qui transcendent les limites quotidiennes de l'espace et du temps.

Bien qu'aucune preuve empirique ne corrobore l'existence de tels phénomènes, les dettes subjectives des personnes qui documentent de telles expériences sont intrigantes. Ces récits pourraient-ils être des aperçus de chronologies d'opportunités ou peut-être de vies antérieures ? Ou, comme certains le suggèrent, pourraient-ils être un moyen pour l'esprit d'accéder à une dimension plus profonde de la réalité, une dimension où l'époque n'est pas toujours définie par des contraintes linéaires ?

Le potentiel d'un voyage intellectuel dans le temps ne réside peut-être pas dans la capacité à « se déplacer » dans le temps par l'expérience corporelle, mais dans la modification de la notion du temps. En augmentant ou en réduisant la manière dont la pensée traite l'information temporelle, il pourrait être possible d'apprécier le passé, le présent et le destin d'une manière qui transcende les limites du temps conventionnel.

D'un point de vue neurologique, la possibilité de voyager mentalement dans le temps offre une expérience unique. Notre compréhension des mécanismes temporels du cerveau a beaucoup évolué, mais beaucoup reste encore inconnu. Les neuroscientifiques ont identifié des zones cérébrales, dont l'hippocampe, qui jouent un rôle essentiel dans la mémoire et le traitement temporel. L'hippocampe nous permet de créer des cartes mentales des souvenirs passés, nous aidant ainsi à naviguer dans le temps en les stockant et en les remémorant.

Certains scientifiques émettent l'hypothèse que, dans certaines situations, l'esprit pourrait « pirater » le mécanisme de la perception du temps, permettant ainsi aux individus de percevoir le temps de manière non linéaire. La question de savoir si cela est possible grâce à des techniques de méditation avancées, à l'utilisation de substances psychoactives ou à l'amélioration des capacités cognitives reste sujette à de nombreuses interrogations.

La possibilité d'un voyage dans le temps, et plus particulièrement d'un voyage mental, reste du domaine de la théorie et de l'hypothèse. Si la physique contemporaine montre

Au-delà de l'esprit

que le monde est bien plus complexe et malléable qu'on ne le pense, l'application pratique de ces théories est encore loin d'être acquise. Pourtant, l'esprit humain est un outil puissant, et sa capacité à contrôler le temps par la concentration pourrait bien détenir la clé pour percer l'un des mystères les plus profonds de la vie.

À mesure que nos connaissances sur le cerveau, la mécanique quantique et la nature de la reconnaissance évoluent, il est possible que nous découvrions un jour les mécanismes qui permettent à la pensée de transcender les limites du temps linéaire. Reste à savoir si cela mènera à une compréhension plus profonde de la vérité elle-même ou ouvrira la voie à un véritable voyage dans le temps.

## 5.2 La conscience peut-elle accéder au passé et au futur ?

L'idée d'un voyage dans le temps captive l'imagination humaine depuis des siècles, mais la possibilité d'accéder à l'au-delà et au destin dépasse les notions traditionnelles de voyage physique dans le temps. L'accent est mis ici sur la capacité de l'esprit à transcender le temps – à revisiter l'au-delà, à entrevoir le destin, ou encore à se délecter d'une dérive non linéaire des événements temporels. Cette idée remet en question notre compréhension traditionnelle du temps et de la conscience, bouleversant les barrières mêmes de nos facultés intellectuelles et notre attachement à la réalité.

Dans la vie quotidienne, les êtres humains perçoivent le temps comme un flottement linéaire : l'au-delà est derrière nous, l'existant est présent, et l'avenir nous attend. Cette perception du temps correspond à la façon dont notre cerveau aborde les données : de manière séquentielle et catégorique. Pourtant, les théories de la physique, notamment de la mécanique quantique, suggèrent que ce point pourrait ne pas être aussi rigide qu'il y paraît. Les événements du passé et du futur ne seront pas gravés dans le marbre, mais existeront plutôt dans des états parallèles ou superposés, attendant d'être consultés ou stimulés.

Le concept d'accès à l'au-delà ou aux événements du destin par la concentration introduit un cadre temporel non linéaire, dans lequel les pensées devraient traverser ces barrières temporelles. Mais l'attention peut-elle s'affranchir virtuellement de la linéarité du temps, ou notre croyance en le temps est-elle une construction intellectuelle liée à des modes de vie physiques ?

La mémoire est un moyen d'appréhender comment la conscience peut accéder au passé. Elle nous permet de stocker, de retrouver et de reconstruire des événements passés, offrant une forme d'« accès » temporel qui nous permet d'apprécier le passé dans l'instant présent. Cependant, même si la mémoire apparaît comme une forme de « voyage mental dans le temps », elle ne constitue pas une expérience objective ou directe du passé. La mémoire est souvent fragmentée, déformée et subjective, ce qui en fait un mauvais substitut au voyage dans le temps réel. Pourtant, certains soutiennent que se remémorer des histoires passées implique une interaction de l'esprit avec le tissu temporel de la réalité, reconstituant des activités passées dans une sorte de voyage temporel virtuel ou mental.

L'idée selon laquelle l'esprit est capable d'accéder au passé sans les limites de la mémoire trouve ses racines dans des pratiques telles que l'hypnose, la thérapie de régression et la méditation profonde. Dans ces états altérés, les individus prétendent accéder à des souvenirs ou des événements lointains, souvent liés à des vies antérieures ou à des moments de leur passé. Bien que ces affirmations manquent de validation empirique, elles suggèrent que les limites de l'expérience temporelle ne sont peut-être pas aussi fixes qu'on le croit.

L'idée d'accéder au destin est encore plus discutable, car elle remet en question la nature même de la causalité. Si l'avenir est inconnu et non écrit, comment les pensées pourraient-elles le comprendre ? Malgré le scepticisme médical qui entoure ce concept, de nombreux témoignages de personnes ayant des objectifs prémonitoires, des visions ou des intuitions semblent prédire l'avenir avec une précision surprenante.

En psychologie, ces phénomènes sont souvent qualifiés de « précognition » ou de « vision du destin ». Bien que ces phénomènes soient généralement considérés comme de simples coïncidences ou le résultat d'une accumulation d'échantillons dans le cerveau, certains soutiennent que la précognition pourrait résulter de l'accès de l'esprit à des données non apparentées, peut-être par des approches quantiques dépassant le temps linéaire. L'esprit pourrait-il accéder à des opportunités du destin, voire à des chronologies changeantes, sans en avoir conscience ? Cette question a suscité de nombreuses explorations sur la nature de l'intuition, de la prévoyance et des « intuitions », autant de facteurs qui pourraient fournir des indices sur la façon dont l'esprit percevrait l'avenir.

Certaines théories suggèrent que l'attention pourrait accéder aux faits du destin via le monde quantique, où les activités ne se déroulent pas de manière linéaire, mais sont plutôt des hasards ou des superpositions de conséquences diverses. Selon cette vision, l'avenir n'est pas prédéterminé, mais existe sous la forme de multiples opportunités. La conscience peut donc être capable de « sentir » ces opportunités futures, de la même manière qu'elle aborde plusieurs résultats possibles dans les systèmes quantiques.

La mécanique quantique offre un cadre fascinant pour comprendre comment la conscience pourrait dépasser le glissement traditionnel du temps. La théorie quantique montre que les débris existent simultanément dans plusieurs états, et que leur simple observation les conduit à se désintégrer en un seul état. Cette « désintégration ondulatoire » implique que tous les résultats de capacité – passé, présent et futur – existent simultanément en tant que possibilités. Certains partisans de la concentration quantique soutiennent que l'esprit pourrait également avoir accès à ces multiples chronologies et effets de capacité.

Cette hypothèse est liée au concept d'« intrication quantique », selon lequel les particules peuvent être interconnectées de telle sorte que l'état d'une particule influence celui de l'autre, quelle que soit leur distance. La conscience, grâce aux techniques quantiques, pourrait-elle exploiter ces états intriqués pour accéder au passé ou au futur ? Certaines théories suggèrent que la conscience elle-même est intriquée avec la matière de la réalité, lui permettant d'accéder à un éventail plus large de possibilités temporelles.

Une idée clé associée à ce phénomène est la « rétrocausalité » : la perception que le destin peut influencer l'au-delà. Bien que cela puisse paraître paradoxal, certaines interprétations de la mécanique quantique suggèrent que les activités pourraient ne pas être strictement liées à la linéarité du temps. Si la rétrocausalité est un phénomène réel, l'esprit devrait, en théorie, pouvoir accéder au destin et influencer l'au-delà, brouillant ainsi la frontière entre raison et effet.

Une autre voie par laquelle l'esprit peut accéder aux études de l'au-delà ou de la destinée est celle des états de conscience profonds, tels que la méditation, la transe ou les états de conscience modifiés. Tout au long de l'histoire, diverses traditions spirituelles et mystiques ont affirmé que la méditation pouvait donner accès à des dimensions immortelles, où l'au-delà et la destinée deviennent indissociables.

Dans ces États, les praticiens documentent régulièrement des études saisissantes sur la « dilatation du temps », où la sensation normale du temps semble s'allonger ou se stabiliser. Dans certains cas, des individus déclarent avoir des visions ou des intuitions sur des événements futurs ou des vies au-delà. Bien que ces récits soient subjectifs et difficiles à vérifier scientifiquement, ils soulèvent des questions cruciales sur la nature de la concentration et sa relation au temps. Si le temps n'est qu'une construction de l'esprit, se pourrait-il que des états de conscience profonds permettent à l'esprit de transcender les limites du temps linéaire ?

L'idée que l'attention puisse accéder à l'au-delà et aux événements futurs exigeant des situations est le fondement même de notre perception de la vérité. Si le temps est bel et bien un assemblage mental – un aspect de la concentration elle-même –, il est possible pour l'esprit de s'affranchir des contraintes du moment présent, s'ouvrant à la fois au passé et au futur. Cependant, cela ne signifie pas que la conscience puisse simplement « voyager » dans le temps comme le ferait une machine. Cela suggère plutôt que l'esprit pourrait également posséder des compétences latentes pour contrôler ou transcender le temps, en prenant en compte des expériences qui défient les notions conventionnelles de temporalité.

À mesure que notre compréhension du cerveau, de la concentration et de la mécanique quantique évolue, nous pourrons un jour découvrir des perspectives plus profondes sur la nature du temps et la capacité de l'esprit à le transcender. Que ce soit par le biais d'états altérés, de l'intrication quantique ou de mécanismes encore indéterminés, la capacité de la conscience à accéder à l'au-delà et au futur demeure l'une des possibilités les plus profondes et les plus mystérieuses de l'exploration du temps lui-même.

## 5. 3 Les dimensions neurologiques et psychologiques du voyage dans le temps

Le voyage dans le temps, bien que souvent relégué au domaine de la fiction technologique, exerce une fascination positive lorsqu'il est examiné sous l'angle des neurosciences et de la psychologie. Les pensées pourraient-elles, sans l'aide de mécanismes physiques, transcender les limites du temps ? Si l'idée du voyage dans le temps reste spéculative, certains phénomènes psychologiques et neurologiques fascinants semblent imiter des éléments de ce que nous connaissons aujourd'hui comme « voyage dans le temps ».

Pour saisir l'importance du voyage temporel dans l'esprit, il est essentiel d'examiner d'abord comment le cerveau appréhende le temps. L'expérience du temps n'est pas nécessairement un reflet passif du monde extérieur, mais plutôt un processus vivant et dynamique créé par le cerveau. Ce processus implique la collaboration de plusieurs zones cérébrales pour créer notre perception du temps. La capacité du cerveau à comprendre le temps implique des réseaux complexes, notamment le cortex préfrontal, le lobe pariétal et les noyaux gris centraux.

Une structure clé de ce processus est le noyau suprachiasmatique (NSC), situé dans l'hypothalamus, responsable de la régulation des rythmes circadiens de l'organisme – l'horloge biologique interne. Le NSC permet de coordonner les cycles veille-sommeil, les fluctuations hormonales et d'autres mécanismes physiologiques avec l'environnement extérieur. La perception du temps résulte, à bien des égards, de la tentative du cerveau de synchroniser ses horloges internes avec le monde extérieur. La capacité du cerveau à suivre le passage du temps est également favorisée par les entrées sensorielles, l'attention et la mémoire.

Au-delà de l'esprit

Mais que se passe-t-il lorsque ces structures sont altérées ou perturbées ? Existe-t-il des moments où l'esprit devrait potentiellement « déformer » le temps, permettant une forme de voyage dans le temps, en arrière ou en avant ? Ce concept est exploré à travers des états de conscience modifiés, des expériences dissociatives et des situations neurologiques susceptibles de contrôler la notion de temps.

À travers les écrits, les cultures et les peuples ont exploré des états d'attention modifiés, de la méditation profonde aux états psychédéliques, qui provoquent régulièrement des changements radicaux dans la perception du temps. Dans ces états, le temps peut sembler s'étirer, se comprimer, voire devenir superflu. Nombreux sont ceux qui rapportent une sensation d'être hors du temps, où l'au-delà, le présent et le futur se confondent. Ces récits ont conduit certains à émettre l'hypothèse que les pensées pourraient percevoir le temps autrement que par le flux conventionnel.

Les substances psychédéliques, comme le LSD, la psilocybine et la DMT, sont réputées pour provoquer de profondes altérations de la perception du temps. Par exemple, les consommateurs de ces substances décrivent fréquemment la sensation que le temps s'est « arrêté » ou « accéléré », et certains évoquent même des événements passés comme s'ils les revivaient. Dans les cas extrêmes, les personnes enregistrent des événements « du destin » ou ont des révélations soudaines sur des événements qui ne se sont pas encore produits. Ce phénomène remet en question notre perception du temps comme une expérience strictement linéaire et démontre que, dans certaines conditions, l'esprit peut également dépasser les limites traditionnelles du temps.

Mais ces études sont-elles simplement subjectives, ou constituent-elles une véritable reconfiguration neurologique de la façon dont le cerveau appréhende le temps ? Une théorie postule que les substances psychédéliques et autres substances altérant la conscience perturbent le réseau cérébral par défaut : les voies neuronales responsables de l'intégration des données sensorielles, de la préservation de l'identité et de la construction de l'expérience temporelle. En modifiant l'intérêt du cerveau pour ces zones, ces substances pourraient également permettre un relâchement temporaire des limites du temps, créant ainsi l'illusion, voire la sensation, d'un voyage dans le temps.

L'esprit peut également simuler un « voyage dans le temps » grâce à sa capacité à se souvenir d'activités passées et futures. La mémoire, et plus particulièrement la mémoire épisodique, permet de revivre des expériences passées comme si elles se produisaient dans le présent. Cependant, la mémoire n'est pas toujours un outil d'enregistrement efficace. Il s'agit d'une reconstruction vivante, sujette aux biais, aux distorsions et aux altérations. Dans certains cas, les souvenirs peuvent être si vivants qu'ils donnent l'illusion d'un voyage dans le temps. Ce phénomène est particulièrement évident dans les souvenirs instantanés, qui peuvent être extrêmement précis et chargés d'émotion.

La capacité du cerveau à se projeter dans l'avenir est tout aussi fascinante. La mémoire prospective est le système mental qui permet aux individus d'anticiper leurs souhaits et de planifier les événements à venir. Cependant, cette capacité peut parfois donner lieu à ce qui semble être de la « précognition » : la sensation de comprendre quelque chose avant qu'il ne se produise. Bien qu'il n'existe aucune preuve concluante que l'esprit puisse réellement « voir » le destin, de nombreuses personnes rapportent des cas où elles ont éprouvé des émotions intuitives fortes ou des rêves qui se sont avérés exacts par la suite. Cette expérience ressemble souvent à un « voyage temporel » dans le futur, même si elle peut simplement résulter d'une perception inconsciente des modèles ou de la capacité du cerveau à simuler des situations futures à partir de données acquises.

Certaines affections et troubles neurologiques peuvent également affecter la perception du temps. La dyschronométrie, par exemple, est une affection fréquemment associée à une lésion du cervelet, qui rend difficile l'estimation du temps qui passe. Ce trouble peut donner l'impression que le temps « ralentit » ou « s'accélère », à l'image des altérations de la perception du temps observées sous l'effet des psychédéliques.

De même, des affections telles que le syndrome de la main étrangère et l'oubli hémispatial peuvent perturber la capacité du cerveau à intégrer les statistiques temporelles, ce qui peut entraîner une perception faussée de la continuité temporelle.

Dans certains cas, des patients souffrant de troubles mentaux ou d'affections neurologiques ont suggéré des boucles temporelles ou des perceptions temporelles fragmentées, où ils revivent des moments à répétition ou perdent la capacité de distinguer le passé du présent. Ces phénomènes neurologiques suggèrent que la perception cérébrale du temps est plus malléable qu'on ne le pensait auparavant et que les limites du temps peuvent être « brisées » dans certaines circonstances.

Au-delà des dimensions neurologiques du voyage dans le temps, les rapports mentaux tels que le déjà-vu, la précognition et les glissements temporels intéressent les chercheurs et le grand public depuis des années. Le déjà-vu, cette sensation d'avoir déjà vécu quelque chose, est souvent considéré comme un « défaut » passager du système de mémoire cérébrale. Il survient lorsque le cerveau rencontre une situation familière, déclenchant un sentiment de reconnaissance qui entraîne un effet de répétition. Bien que le déjà-vu ne soit pas un voyage dans le temps au sens littéral, il représente un phénomène psychologique où l'esprit semble accéder ou « revisiter » un instant venu du passé.

De même, la précognition – la capacité à « sentir » ou à « comprendre » les événements du destin avant qu'ils ne surviennent – est souvent perçue comme une anomalie ou une bizarrerie psychologique. Cependant, on s'intéresse de plus en plus à la capacité accrue de certaines personnes à anticiper les événements du destin. Ce phénomène pourrait être lié aux capacités de reconnaissance des schémas du cerveau, qui lui permettent de percevoir des signaux subtils que d'autres pourraient ignorer. Dans certains cas, les perceptions précognitives résultent probablement de l'accès du cerveau à des connaissances ou des schémas subconscients qui laissent présager des conséquences du destin.

Une autre expérience mentale, les glissements temporels, désigne les moments où l'on a l'impression d'être sorti du moment présent pour entrer dans un monde extraordinaire. Certains rapportent des expériences positives de transport vers l'au-delà ou le futur, où ils interagissent avec des environnements historiques ou futuristes. Ces expériences sont souvent décrites comme très réalistes et convaincantes, et soulèvent des questions intéressantes sur la capacité de l'esprit à transcender le glissement temporel.

Malgré les phénomènes fascinants décrits ci-dessus, le concept de voyage temporel littéral à travers l'esprit reste largement spéculatif. Si le cerveau est capable de modifier sa perception du temps, il reste incertain qu'il puisse réellement

Fevzi H.

« traverser » le temps de manière à permettre un voyage temporel réel. Notre connaissance du temps et de la perception n'en est qu'à ses balbutiements, et les limites de ces études ne sont pas encore pleinement comprises.

Cependant, les dimensions neurologiques et psychologiques du voyage dans le temps nous obligent à reconsidérer la rigidité du temps. Si l'esprit peut modifier sa perception du temps, que ce soit par des états altérés, des manipulations de la mémoire ou des distorsions cognitives, cela soulève la possibilité que le temps ne soit pas toujours aussi figé qu'on le croyait. L'esprit peut également posséder des capacités latentes lui permettant d'accéder à l'au-delà ou au futur, ou du moins d'appréhender le temps selon des modalités qui semblent défier la compréhension traditionnelle.

Alors que les études sur la concentration, la neuroplasticité et les mécanismes liés au temps du cerveau se poursuivent, nous pourrions tôt ou tard trouver de nouvelles perspectives qui nous permettraient de comprendre si un véritable voyage intellectuel dans le temps est viable et, si oui, comment l'esprit pourrait naviguer dans la nature fluide et dynamique du temps lui-même.

## 5.4 Rêves et hallucinations : sont-ils des expériences temporelles alternatives ?

L'expérience humaine du temps est souvent plus malléable qu'on ne le pense, les distorsions les plus importantes se produisant dans les états de conscience modifiés, ainsi que dans les rêves et les hallucinations. Bien que ces phénomènes soient généralement considérés comme des observations subjectives sans activités extérieures tangibles, certains avancent qu'ils pourraient donner un aperçu des chronologies alternatives ou des analyses non linéaires du temps.

Les rêves, en particulier les rêves brillants et lucides, peuvent créer une perception du temps qui semble totalement indépendante de notre expérience éveillée. Dans les objectifs, le temps est souvent irrégulier : les moments peuvent s'étirer ou se condenser, et les activités qui semblent se dérouler en quelques minutes peuvent sembler durer des heures, des jours, voire des années. De plus, les gens éprouvent régulièrement des désirs qui semblent les transporter vers différents points dans l'au-delà ou le futur. Cette fluidité temporelle dans le monde des rêves amène certains à se demander si les objectifs sont de simples impulsions mentales aléatoires ou s'ils représentent une interaction plus profonde avec le temps.

Des études sur les rêves indiquent que l'esprit construit le temps de manière non linéaire pendant le sommeil. La perte des stimuli externes et du cadre confortable de l'esprit pendant le sommeil peut entraîner une déconnexion avec les contraintes du temps linéaire. En particulier, le rêve lucide – où le rêveur prend conscience qu'il rêve – implique souvent un sentiment accru de contrôle sur le récit, lui permettant d'explorer de multiples futurs possibles ou de revisiter des événements passés avec une profondeur qui peut s'apparenter à un voyage dans le temps.

Une théorie suggère que pendant le rêve, principalement pendant le sommeil paradoxal (REM), le cerveau crée des environnements simulés, probablement liés à des souvenirs, des rêves ou des peurs inconscients. Ces expériences oniriques échappent au sens commun du monde éveillé et peuvent laisser libre cours à des souvenirs fragmentés ou à des fantasmes, donnant l'illusion de voyager à travers des événements uniques. En un sens, les rêves ne sont pas seulement le reflet d'expériences passées, mais peuvent aussi constituer un « voyage temporel » mental vers des opportunités alternatives ou l'avenir de la vie d'une personne.

Les hallucinations, qu'elles soient provoquées par des drogues, une maladie ou une privation sensorielle intense, offrent un autre domaine passionnant où le temps semble perdre ses limites traditionnelles. Elles peuvent prendre de nombreuses formes – visuelles, auditives ou même tactiles –, mais un point commun est la manipulation de la perception du temps. Par exemple, les personnes sous l'influence de substances comme le LSD, la psilocybine ou le DMT rapportent fréquemment la sensation que le temps s'est arrêté ou s'accélère de manière exponentielle. Certains décrivent cette expérience comme un voyage dans le temps, avançant dans le futur ou remontant dans le passé.

Les hallucinations peuvent également brouiller la frontière entre réalité et imagination. Un personnage peut également avoir un souvenir vivace d'un événement qu'il n'a pas vécu physiquement, comme « revivre » un moment de jeunesse ou un souvenir lointain, si réel qu'il est perçu comme un voyage en temps réel. Dans de nombreux cas, les individus peuvent également halluciner des scénarios entiers qui semblent se dérouler dans le futur, ou même entrevoir des événements qu'ils rencontreront plus tard dans la vie réelle. Ces expériences ont souvent un rapport avec le temps – qu'il s'agisse d'un moment fort du passé, d'un événement dans une réalité virtuelle ou d'une vision d'un futur prometteur – et soulèvent ainsi des questions sur la nature réelle du temps.

D'un point de vue neurologique, les hallucinations sont souvent liées à une hyperactivité du traitement sensoriel cérébral ou à une mauvaise interprétation des informations. Cependant, ce traitement peut également exploiter les couches cérébrales les plus profondes de la mémoire, de la créativité et de l'instinct, créant des expériences qui font l'expérience de l'immortalité. Certains chercheurs suggèrent même que, dans ces états, l'esprit « débloque » temporairement de nouvelles voies, permettant des expériences qui dépassent le flottement traditionnel du temps.

Les rêves et les hallucinations comportent souvent des éléments de dislocation temporelle, où les individus revivent des événements passés ou entrevoient des événements futurs. Dans chacun de ces phénomènes, les individus ont souvent l'impression d'être transportés physiquement ou mentalement dans un autre monde. Un exemple courant est le déjà-vu, la sensation qu'un événement présent a déjà eu lieu, comme si l'on « rejouait » un moment d'un souvenir oublié. De même, certaines personnes affirment avoir eu des rapports de précognition, où elles « voient » ou « vivent » des événements futurs avant qu'ils ne se produisent. Ces rapports suggèrent que le cerveau peut accéder à des données au-delà des limites du temps linéaire, probablement grâce à des informations inconscientes ou à la capacité du cerveau à anticiper les conséquences futures selon des schémas contemporains.

Les hallucinations, en particulier celles liées à des expériences émotionnelles intenses, peuvent impliquer la reviviscence d'un traumatisme passé ou une évasion psychologique vers un destin imaginaire. Par exemple, dans les cas de syndrome de stress post-traumatique (SSPT), les personnes peuvent également ressentir des flashbacks qui leur donnent l'impression d'être transportées dans le présent, comme si elles se déroulaient à nouveau dans l'instant présent. Cette sensation de ré-accès temporel ne se limite pas aux activités stressantes ; les personnes souffrant de troubles du stress peuvent « voyager » mentalement dans des scénarios futurs imaginaires, souvent avec un sentiment d'appréhension ou d'anticipation. Ces scénarios hallucinatoires peuvent ressembler à des aperçus de la chronologie des échanges, brouillant la frontière entre le temps réel et l'expérience subjective.

Si les désirs et les hallucinations sont généralement considérés comme des phénomènes survenant dans l'esprit subjectif, ils soulèvent des questions cruciales sur la nature même du temps. S'agit-il uniquement d'une manière dont l'esprit traite les souvenirs, ou constituent-ils quelque chose de plus profond, peut-être une capacité innée à transcender les contraintes physiques du temps ? L'expérience du temps dans ces états semble souvent authentique, même si nous la percevons comme un produit des mécanismes internes du cerveau.

Certains théoriciens suggèrent que ces expériences temporelles alternatives, comme les rêves et les hallucinations, constitueraient une forme de voyage temporel intellectuel, permettant à l'esprit d'accéder à des études au-delà ou au destin qui n'existent que dans l'imagination. Cependant, la mesure dans laquelle ces études constituent de véritables décalages temporels reste incertaine. Il est possible que l'esprit entreprenne un « voyage temporel » pour construire des futurs viables, des expériences au-delà des choix, ou pour explorer des états émotionnels liés au temps, mais pas nécessairement à son écoulement linéaire.

Le concept de voyage dans le temps, au cœur des rêves et des hallucinations, suggère que le temps est bien plus malléable qu'on ne le pense généralement. Dans ces états altérés, l'esprit peut découvrir des événements passés, saisir les possibilités du futur et déformer le temps selon des modalités que la réalité éveillée conventionnelle ne permet pas. Si ces histoires sont peut-être le fruit des capacités créatrices et interprétatives du cerveau, elles n'en ouvrent pas moins de fascinantes perspectives quant à l'intersection de la conscience et du temps.

En considérant les désirs et les hallucinations comme des « expériences temporelles alternatives », nous ouvrons la possibilité que les pensées humaines puissent posséder des talents latents pour naviguer dans le temps au-delà des limites traditionnelles de la réalité. Que ces études offrent un aperçu d'autres dimensions du temps, soient le reflet du subconscient ou représentent quelque chose d'encore plus profond, elles nous incitent à reconsidérer notre perception du temps et de l'attention.

## 5.5 Conscience, tunnel quantique et possibilité de surmonter le temps

La mécanique quantique, avec ses concepts singuliers et contre-intuitifs, remet souvent en question notre compréhension fondamentale de la réalité. L'un des aspects les plus complexes de la physique quantique est le phénomène d'effet tunnel quantique, un phénomène où des débris franchissent des obstacles censés être infranchissables selon la physique classique. Si l'effet tunnel quantique est bien compris dans le contexte des particules subatomiques et de leur comportement, les liens potentiels entre ce phénomène et l'esprit humain, la conscience et la possibilité de transcender le temps sont loin d'être clairs.

Fondamentalement, l'effet tunnel quantique est un phénomène dans lequel les particules, comme les électrons, présentent un comportement qui semble contrevenir à la mécanique classique. En physique classique, si une particule rencontre une barrière trop haute pour qu'elle puisse la franchir, elle sera pratiquement considérée comme renvoyée. Cependant, dans le domaine quantique, les débris possèdent à la fois des propriétés ondulatoires et particulaires. Lorsqu'une particule s'approche d'une barrière, sa caractéristique ondulatoire – essentiellement une description mathématique de ses emplacements probables – s'étend au-delà de la barrière, compte tenu d'une probabilité non nulle que la particule puisse la franchir, même si la barrière de force classique peut paraître infranchissable.

Ce principe est à l'origine de nombreuses technologies, dont les diodes tunnel et les microscopes à effet tunnel, qui exploitent l'effet tunnel. Mais le véritable intérêt de l'effet tunnel quantique réside dans ses implications pour le temps et l'espace. Si les particules peuvent creuser des tunnels à travers les limites, qu'est-ce qui empêche la conscience elle-même de contourner sans aucun doute les restrictions temporelles ou d'accéder à des régions géographiques cachées au-delà de la réalité conventionnelle ?

La datation entre la mécanique quantique et la conscience fait l'objet de nombreux débats. Certains chercheurs avancent que la conscience pourrait elle-même être une méthode quantique, avec des théories intégrant des critères comme la cohérence quantique et l'intrication quantique comme composantes fondamentales de la cognition humaine. Le célèbre physicien Roger Penrose, en collaboration avec le neuroscientifique Stuart Hameroff, a proposé la théorie de la réduction objective orchestrée (Orch-OR), qui suggère que les effets quantiques à l'intérieur des microtubules cérébraux pourraient être responsables de la conscience. Selon cette théorie, le traitement des données quantiques pourrait être au cœur de l'expérience subjective, la conscience étant associée à des phénomènes dépassant la physique classique.

Si la conscience est bien une méthode quantique, cela accroît la possibilité pour l'esprit d'interagir avec les champs quantiques selon des modalités qui s'affranchissent des contraintes temporelles et spatiales habituelles. Tout comme l'effet tunnel quantique permet aux particules de contourner les limites physiques, l'esprit, opérant dans le domaine quantique, pourrait-il accéder à une compréhension plus large et plus fluide du temps, lui permettant de transcender le flux traditionnel de l'au-delà, du présent et du futur ?

L'une des implications les plus fascinantes de l'effet tunnel quantique en termes d'attention est l'idée que la pensée est probablement capable de transcender la linéarité du temps. En physique quantique, le temps n'est pas toujours considéré comme un paramètre fixe et immuable. En réalité, certains modèles quantiques suggèrent que le temps lui-même pourrait être malléable dans certaines conditions. Si la conscience opère dans le domaine quantique, elle pourrait potentiellement accéder à des expériences temporelles non linéaires, à l'image de la superposition simultanée de différents états par les particules quantiques.

La possibilité pour la conscience de « contourner » ou de « traverser » le temps pourrait ouvrir la perception d'histoires lointaines. Tout comme les débris quantiques peuvent s'entremêler sur de vastes distances, la conscience elle-même pourrait-elle fonctionner en dehors des contraintes du temps physique ? Si l'esprit peut exploiter les processus quantiques, il pourrait appréhender le temps comme un phénomène plus fluide et interconnecté, permettant peut-être d'accéder à des éléments uniques du passé ou du futur.

Bien que cette idée demeure spéculative et étonnamment théorique, certains scientifiques ont suggéré que l'effet tunnel quantique pourrait faciliter des phénomènes apparemment impossibles en physique classique. L'esprit pourrait-il, grâce à l'effet tunnel quantique, « sauter » momentanément à travers des instants uniques dans le temps ? Les implications de ce type de théorie devraient révolutionner notre connaissance des capacités potentielles de la pensée et de sa relation avec la réalité elle-même.

La notion même de temps a fait l'objet de nombreuses explorations en physique théorique. Le concept de relativité d'Albert Einstein a établi l'idée que le point est relatif, dépendant du référentiel de l'observateur. Dans le domaine de la mécanique quantique, le temps est encore plus insaisissable. L'équation qui régit les systèmes quantiques traite souvent le temps comme une variable difficile à modifier, plutôt que comme une contrainte constante dictant la succession des événements.

L'un des principaux modèles du temps en mécanique quantique est la théorie de l'univers-bloc, qui propose que le passé, le présent et le futur coexistent au sein d'un bloc d'espace-temps à quatre dimensions. Selon ce modèle, le glissement du temps est une illusion : tout ce qui s'est produit ou se produira existe simultanément dans ce bloc. Si la concentration est bien un phénomène quantique, elle pourrait avoir accès à ce « bloc » de temps, en le vivant selon des modalités qui dépassent notre perception habituelle du glissement temporel.

D'autres modèles, comme les courbes temporelles fermées (CTC), suggèrent que le point devrait effectuer une boucle sur lui-même, créant des chemins reliant des points extraordinaires dans le temps. En théorie, l'effet tunnel quantique devrait jouer un rôle dans la navigation de ces boucles, en permettant la possibilité d'un voyage dans le temps, ou l'expérience du temps non plus comme une progression à sens unique, mais comme une structure malléable pouvant être traversée de manières inattendues.

Bien que la perception de l'attention affectant ou interagissant avec l'effet tunnel quantique et le temps demeure largement du domaine de la spéculation, l'exploration de la conscience quantique offre des perspectives prometteuses pour l'avenir. S'il est finalement confirmé que le cerveau fonctionne à des niveaux quantiques, les implications temporelles pourraient être profondes. La conscience devrait potentiellement accéder aux souvenirs passés avec la même fluidité que les débris quantiques existent simultanément dans plusieurs états, et pourrait également être capable d'interagir avec des futurs possibles, à l'instar du comportement des débris quantiques en superposition.

Pour ceux qui s'intéressent aux possibilités du voyage dans le temps, cette connaissance de la nature quantique de la reconnaissance ouvre des perspectives intéressantes. Si la conscience elle-même est liée aux méthodes quantiques, l'esprit pourrait accéder à des sphères temporelles inaccessibles par les moyens traditionnels. Si les limites technologiques de ce concept sont considérables, le potentiel de la connaissance quantique à transcender la progression linéaire du temps est une idée qui a captivé l'imagination des physiciens et des philosophes.

L'intersection entre la conscience et l'effet tunnel quantique demeure une frontière captivante et spéculative, tant en neurosciences qu'en physique quantique. Si l'idée que la concentration puisse briser les contraintes temporelles grâce aux techniques quantiques est loin d'être vérifiée, elle soulève des questions cruciales sur la nature même du temps et les capacités potentielles de l'esprit humain. La mécanique quantique remet en question notre perception fondamentale de la réalité, et si l'attention opère dans ce domaine atypique et imprévisible, elle pourrait détenir la clé pour accéder à de nouvelles expériences du temps, dépassant la dérive quotidienne et linéaire de l'au-delà, du présent et du destin.

Au-delà de l'esprit

Bien que beaucoup de ces hypothèses restent spéculatives, la capacité de la concentration à transcender le temps grâce à des phénomènes quantiques tels que l'effet tunnel pourrait, à terme, apporter des éclairages sur les questions intimes de la vie. À mesure que notre compréhension du cerveau et de la physique quantique s'adapte, les frontières entre conscience, temps et réalité pourraient devenir de plus en plus floues, révélant de nouveaux domaines de possibilités autrefois confinés au domaine de la fiction technologique.

Fevzi H.

# CHAPITRE 6

## Expériences qui modifient la perception du temps

## 6.1 DMT, LSD et états altérés : percevoir le temps différemment

L'esprit humain ne perçoit plus passivement le temps comme un phénomène extérieur ; il construit activement notre perception de celui-ci. Sous l'influence de substances psychédéliques puissantes comme la DMT (N,N-diméthyltryptamine) et le LSD (diéthylamide de l'acide lysergique), ce processus de construction peut changer radicalement. Les utilisateurs constatent constamment de profondes altérations de leur perception du temps : les instants s'étirent jusqu'à l'éternité, les secondes s'effritent jusqu'à l'infini, et dans certains cas, le temps semble disparaître complètement. Ces études explorent non seulement notre compréhension des mécanismes temporels du cerveau, mais aussi la nature même du temps.

La DMT, souvent appelée « molécule de l'esprit », provoque des expériences psychédéliques brèves mais extrêmement intenses. Lors d'un trip sous DMT, les consommateurs se rappellent souvent avoir pénétré dans des régions géographiques surnaturelles, rencontré des êtres sensibles ou observé des environnements d'une richesse géométrique, le tout en l'espace de quelques minutes. Pourtant, subjectivement, ces expériences peuvent sembler durer des heures, voire des vies. Cette distorsion temporelle suggère que la perception du moment est intimement liée à la profondeur et à la densité de l'expérience consciente. L'apparition rapide et la courte durée des effets de la DMT, combinées à l' extrême complexité des visions, conduisent souvent les consommateurs à décrire l'expérience comme étant présente « hors du temps ».

Le LSD, en revanche, a une évolution plus longue et plus progressive, qui dure souvent de huit à douze heures. Sous LSD, les frontières entre l'au-delà, le présent et le destin peuvent devenir floues. Certaines personnes déclarent être simultanément au courant de plusieurs instants – des souvenirs d'enfance se mêlant à des sensations présentes ou des anticipations du destin se mêlant à des pensées contemporaines. Cette rupture de la linéarité temporelle s'accompagne souvent d'une exacerbation émotionnelle, de modifications des perceptions sensorielles et d'un fort sentiment d'interconnexion. D'un point de vue neuroscientifique, le LSD semble diminuer l'intérêt pour le réseau cérébral en mode par défaut (RMD), un mécanisme associé à la perception autoréférentielle et au maintien de la continuité temporelle. En atténuant le RMD, le cerveau peut également se désancrer dans une perception linéaire du temps, permettant l'émergence d'une perception plus vaste ou fragmentée.

Le phénomène de « dilatation du temps » observé lors d'états altérés n'est pas propre aux psychédéliques. De nombreuses personnes soumises à une méditation extrême, à une privation sensorielle, à des expériences de mort imminente ou à des états émotionnels intenses constatent également des modifications similaires de la perception du temps. Cependant, ce qui rend les psychédéliques particulièrement fascinants, c'est leur capacité à déclencher ces états de manière fiable dans un laps de temps et à un dosage contrôlés. Cela en fait un outil efficace pour étudier les fondements neuronaux et phénoménologiques de la notion de temps.

Les chercheurs qui analysent ces données à l'aide d'équipements de neuroimagerie modernes ont commencé à comprendre comment ces états altérés affectent la concentration cérébrale. Par exemple, sous l'effet des substances psychédéliques, on observe souvent une augmentation marquée de l'entropie neuronale, un degré de complexité et d'imprévisibilité de la concentration cérébrale. Cette entropie accrue contribuerait à l'expérience d'intemporalité ou de fragmentation du temps en perturbant les mécanismes de codage prédictif du cerveau. En d'autres termes, le cerveau devient moins sûr de ce qui vient ensuite, perdant ainsi le contrôle du temps séquentiel.

De plus, les récits psychédéliques évoquent souvent une expérience d'« éternel présent », c'est-à-dire une immersion dans les contraintes temporelles. Dans certains récits, les utilisateurs décrivent l'entrée dans des univers où le temps ne s'écoule plus, mais devient un paysage – un objet à explorer plutôt qu'un objet éphémère. D'autres parlent de vivre simultanément tous les instants de leur existence, comme si le temps s'effondrait en un instant unique et hyperdimensionnel. Ces descriptions ne sont pas de simples métaphores poétiques ; elles reflètent de profonds changements cognitifs dans la façon dont le cerveau organise et intègre les données temporelles sous l'influence de ces données.

Il est essentiel de distinguer l'action biochimique de ces substances des récits subjectifs qu'elles produisent. Le DMT, par exemple, est un composé endogène : il est clairement présent dans le corps humain en petites quantités, notamment dans la glande pinéale, bien que son origine reste hypothétique. Certaines théories suggèrent que le DMT endogène pourrait également jouer un rôle dans des états de conscience extraordinaires, tels que le rêve, la naissance, la mort ou les récits mystiques, où la perception du temps est fréquemment altérée.

D'un point de vue philosophique, ces états altérés soulèvent de vastes questions : le temps est-il une propriété essentielle de l'univers, ou simplement un ensemble cognitif ? Si la conscience peut exister dans des états où le temps devient secondaire, cela signifie-t-il que notre vision linéaire du temps est incomplète ? Ces études peuvent-elles donner un aperçu de différents modes de vie temporels, ou s'agit-il simplement d'illusions générées par la machinerie neurochimique du cerveau ?

L'étude des psychédéliques et de la perception temporelle modifiée fait plus qu'éclairer le fonctionnement du cerveau humain : elle ouvre la voie à une réévaluation de la nature même de la réalité. En explorant comment des substances comme le DMT et le LSD déforment ou perturbent notre perception ordinaire du temps, nous abordons la possibilité que le temps, tel que nous le connaissons, ne soit qu'une des nombreuses façons dont la conscience peut appréhender le déroulement de l'existence.

## 6.2 Méditation et états de transe dans le contexte du temps

Le temps, tel qu'il est vécu dans la conscience ordinaire, est un développement linéaire d'activités : le passé s'écoule dans le présent, le présent se dissout dans le destin. Mais sous le prisme d'états mentaux modifiés, comme la méditation profonde et la transe, ce système familier s'effondre fréquemment. Les praticiens de disciplines méditatives avancées affirment depuis longtemps que, lors d'états profonds de conscience ou de transcendance, le temps semble s'étirer, ralentir, tourner en boucle ou disparaître complètement. Cette transformation anormale n'est pas une simple métaphore poétique : elle témoigne de profonds changements dans l'architecture de la conscience et les mécanismes cognitifs par lesquels nous façonnons le flux temporel.

Dans les traditions du bouddhisme, de l'hindouisme et de nombreuses formes de mysticisme, le terme « connaissance intemporelle » est défini depuis des millénaires. Les textes bouddhistes, notamment dans les lignées Theravāda et Mahāyāna, font état d'états où le pratiquant acquiert une conscience aiguë du « présent éternel » ou accède à ce que l'on appelle parfois la conscience « intemporelle ». Les textes yogiques hindous, notamment l'Advaita Vedanta et les Yoga Sutras de Patanjali, parlent de kaivalya, un état de conscience pure au-delà du temps, de la forme et de la dualité. Dans ces traditions, le temps n'est pas une réalité extérieure, mais une projection de l'esprit, un voile levé par un travail intérieur rigoureux.

D'un point de vue neuroscientifique, la méditation modifie fondamentalement l'intérêt des régions cérébrales impliquées dans la perception du temps. Des recherches en IRM fonctionnelle ont montré qu'en méditation profonde, l'activité du cortex cingulaire postérieur, un nœud central du réseau du mode par défaut (RMD) – le même réseau lié au monologue intérieur, à la pensée autoréférentielle et au séquençage du temps autobiographique – est réduite. Lorsque ce réseau est régulé négativement, le cerveau a du mal à cartographier le soi sur une trajectoire temporelle, ce qui peut favoriser le sentiment d'être pleinement dans le présent, voire hors du temps.

L'un des styles de méditation les plus étudiés à cet égard est la pleine conscience, ou Vipassanā, où les pratiquants apprivoisent la conscience sans jugement de l'instant présent. Les témoignages de pratiquants de longue date constatent des changements constants dans la perception du temps : les secondes semblent des minutes, ou des séances entières de méditation semblent défiler instantanément. Dans les états méditatifs supérieurs – les jhānas dans le bouddhisme Theravāda –, la sensation du temps peut disparaître complètement, substituée par un calme absolu ou une expérience de pureté. Ce qui distingue ces états altérés de l'intérêt quotidien est le changement radical dans la façon dont l'esprit aborde la continuité, la causalité et l'anticipation – autant de caractéristiques profondément ancrées dans notre production du temps.

Les états de transe, qu'ils soient déclenchés par des chants rythmiques, des percussions, des exercices de respiration ou des mouvements répétitifs, induisent également des distorsions temporelles spectaculaires. Dans les pratiques chamaniques des cultures autochtones, la transe est fréquemment utilisée comme une porte d'entrée vers des États-nations au-delà du temps linéaire. Le pratiquant de transe peut également rencontrer des esprits ancestraux, voyager vers des réalités au-delà ou destinées, ou se plonger dans des boucles temporelles défiant le bon sens. Dans de tels états, la continuité narrative est rompue. Le temps devient non linéaire, circulaire ou mosaïque, avec des moments se déroulant simultanément ou dans le désordre.

La psychologie moderne a exploré ces états sous les termes de flot (tel que décrit par Mihaly Csikszentmihalyi), d'hypnose et d'absorption. Les états de flow, en particulier, sont des moments d'immersion totale dans une activité où le temps s'accélère ou ralentit considérablement. Artistes, athlètes et scientifiques décrivent fréquemment l'entrée dans de tels états lors de performances de haut niveau. Dans ces moments, l'individu ne pense pas toujours au temps ; il vit dans une immédiateté qui rend l'horloge insignifiante. Ces moments sont profondément agréables et souvent qualifiés d'« immortels ».

Ce lien entre intemporalité et épanouissement montre que notre notion du temps est profondément liée à nos états émotionnels et attentionnels. Lorsque nous sommes inquiets ou impatients, le temps s'éternise. Lorsque nous sommes immergés ou en paix, le temps file, voire disparaît. Cette observation a des dimensions à la fois psychologiques et spirituelles. Sur le plan psychologique, elle indique que la perception du temps est modulée par l'attention, l'éveil et la valence émotionnelle. Sur le plan spirituel, elle suggère que notre perception habituelle du temps est un assemblage d'esprits agités et fragmentés, et que l'immobilité révèle un substrat plus important au-delà du temps.

Dans les états de transe profonde, qu'ils soient atteints ou non par des rituels chamaniques, le tourbillon soufi ou même l'hypnothérapie moderne, le personnage peut également subir ce que l'on appelle une désintégration temporelle. Dans ce royaume, la différence entre « maintenant » et « alors » s'effondre. Les souvenirs peuvent également refaire surface sous forme d'histoires vivantes, et les événements futurs peuvent être envisagés avec une clarté excessive. Certains interprètent ces phénomènes comme des régressions dans des vies antérieures ou des aperçus de soi futurs, bien que, d'un point de vue systématique, ils puissent être interprétés comme le réassemblage innovant par le cerveau de récits intérieurs en dehors des contraintes temporelles habituelles.

La recherche sur la transe et la méditation continue de se développer, notamment grâce à la neurophénoménologie, un domaine qui combine des témoignages subjectifs à la première personne et des données neuroscientifiques à 0,33 homme ou femme. Ces recherches suggèrent que lorsque l'attention est stabilisée et que les stimuli sensoriels diminuent, les structures cérébrales de contrôle du temps commencent à s'apaiser. Des régions telles que le gyrus supramarginal et la région motrice supplémentaire, potentiellement impliquées dans le séquençage et l'estimation de la durée, manifestent une baisse d'intérêt.

Au-delà de l'esprit

Parallèlement, les zones associées à l'imagerie intérieure et à la saillance émotionnelle apparaissent plus actives. Ce changement pourrait expliquer pourquoi les méditants et les praticiens de la transe décrivent fréquemment des États-nations immortels, riches de sens et d'images archétypales.

Une dimension particulièrement captivante de ces pratiques est la jouissance de l'éternité – non pas comme une période infinie, mais comme un état au-delà du temps. Dans les traditions magiques du christianisme, du judaïsme (Kabbale), de l'islam (soufisme) et des philosophies orientales, l'éternité est définie non pas comme une durée éternelle, mais comme une entité temporelle immédiate. Dans ces états, le pratiquant peut avoir le sentiment de toucher le divin, de communier avec la vérité quotidienne ou d'être témoin de la structure même de l'existence. De telles histoires peuvent transformer durablement la vision du monde, atténuer la peur de mourir, développer la compassion et insuffler un esprit d'équipe.

En résumé, la méditation et la transe ne sont pas de simples méthodes de relaxation ou de soulagement du stress : ce sont des portes d'accès à des réalités temporelles changeantes. Elles révèlent la plasticité du temps telle qu'elle est vécue par la reconnaissance, suggérant que notre perception quotidienne n'est qu'un mode parmi d'autres. Si la recherche scientifique peut mesurer les variations des ondes cérébrales, de la connectivité et de l'activation régionale, la réalité subjective de ces récits – celui de s'échapper du temps, de vivre dans un présent sans limites – demeure ineffable.

Les implications de ces états temporels altérés dépassent le cadre de la psychologie et des neurosciences. Elles nous forcent à nous poser des questions métaphysiques : le temps est-il une illusion ? Une mesure plus profonde et intemporelle sous-tend-elle notre vérité ? La connaissance peut-elle exister indépendamment du temps ? Et dans ce cas, qu'est-ce que cela signifie pour notre connaissance de soi, de la fin et du caractère de la vie ?

Pour l'instant, ce qui est clair, c'est que l'esprit n'est pas un observateur passif du temps ; il en est bien un co-auteur. Et grâce à des pratiques comme la méditation et la transe, nous pouvons nous libérer brièvement des entraves familières du temps linéaire et entrevoir quelque chose de bien plus mystérieux : le silence immense et éternel d'où naît le temps lui-même.

## 6.3 Expériences de mort imminente et perception du temps : le sentiment d'éternité est-il réel ?

Le temps est l'architecture silencieuse sur laquelle notre réalité se déploie, façonnant nos souvenirs, nos attentes et notre récit personnel. Pourtant, dans les moments clés entre la vie et la mort – ces épisodes mystérieux appelés Expériences de

Mort Imminente (EMI) –, le temps se fracture, s'étire, se dissout ou se transforme souvent en une sensation d'immobilité absolue. À travers les cultures, les époques et les systèmes de perception, d'innombrables personnes ayant frôlé la mort décrivent une transformation surréaliste et profonde de leur expérience du temps. Une minute devient une vie. Une vie devient un tout. Et beaucoup reviennent avec un sentiment commun : ils ont rencontré l'éternité.

Qu'est-ce que cette éternité perçue ? S'agit-il d'une invention du cerveau de la mort, d'une ultime explosion neurochimique d'illusions ? Ou relève-t-elle de quelque chose de plus fondamental, de réel, mais occulté par nos états de conscience habituels ? L'expérience du temps lors des EMI soulève des questions qui transpercent le cœur des neurosciences, de la physique, de la philosophie et de la spiritualité.

Tout d'abord, il est essentiel de comprendre la phénoménologie de la quasi-perte de la vie. Si chaque EMI est profondément personnelle et particulière, de nombreux récits révèlent des motifs récurrents : un sentiment de détachement du cadre, un aperçu panoramique de la vie, la présence d'une lumière rayonnante, une paix profonde, des rencontres avec des êtres chers disparus ou des êtres supérieurs, et une frontière infranchissable. Pourtant, parmi ces phénomènes, l'un des plus marquants et des plus récurrents est une profonde altération de la perception du temps.

De nombreux survivants d'EMI rapportent que « le temps s'est arrêté » ou qu'ils ont vécu « tout le temps instantanément ». Certains décrivent revivre chaque instant de leur vie simultanément, tandis que d'autres affirment avoir vécu dans un monde où le temps n'avait aucune signification. Ces descriptions incluent souvent des affirmations telles que : « J'avais l'impression d'être là pour toujours » ou « Il n'y avait ni au-delà, ni cadeau, ni avenir – juste l'instant présent. » Dans certains cas, un bref arrêt cardiaque de quelques minutes seulement correspond à une expérience subjective qui semblait s'éterniser sans fin. Le paradoxe est frappant : comment un esprit privé d'oxygène pendant quelques secondes seulement peut-il générer l'expérience de l'éternité ?

D'un point de vue neurobiologique, le traitement du temps par le cerveau est complexe et dispersé. Des régions comme le cortex préfrontal, les noyaux gris centraux, le cervelet et les lobes pariétaux contribuent toutes à la chronométrie et à l'intégration temporelle. Lors d'un traumatisme, d'une hypoxie ou d'un stress critique, ces structures sont fortement perturbées. Il a été théorisé qu'en cas de stress physiologique grave, notamment lors d'un arrêt cardiaque ou d'une hémorragie importante, le cerveau pourrait également subir une libération massive de DMT (diméthyltryptamine) endogène, un puissant composé psychédélique naturellement présent en petites quantités dans le corps humain. La DMT est réputée altérer considérablement la notion du temps, induisant souvent chez les utilisateurs une sensation d'intemporalité ou de présence éternelle.

Lorsqu'on considère les EMI sous l'angle des neurosciences, ce principe indique que l'altération de l'expérience temporelle résulte d'une activité neurochimique intense, probablement une dernière explosion cérébrale due à la baisse du taux d'oxygène. Cependant, la vivacité, la cohérence et l'impact émotionnel durable des EMI renforcent les questions qui sous-tendent cette explication. Nombre de ceux qui vivent une EMI ne se contentent pas de considérer une étrange hallucination onirique : ils la décrivent comme la chose la plus réelle qu'ils aient jamais vécue. La dimension temporelle de cette « réalité » est fondamentalement différente de celle de la vie éveillée : elle est dense, mais éternelle.

D'un point de vue philosophique, cela pose un défi : si le temps subjectif peut sembler éternel en l'absence de développement linéaire, qu'en dit-il du temps lui-même ? Le temps est-il une mesure objective que nous traversons, ou une construction psychologique, construite par la conscience pour imposer un ordre à l'expérience ? Les EMI semblent indiquer la seconde hypothèse : ce point, du moins tel que nous le percevons, est profondément lié aux mécanismes de la conscience incarnée. Lorsque ces mécanismes vacillent ou se désintègrent, quelque chose d'autre émerge : une dimension de l'esprit libérée par le flux temporel.

Certains théoriciens ont proposé que la conscience existe sur plusieurs niveaux, le soi, lié à l'ego et temporellement linéaire, n'en constituant qu'un seul. En dessous ou au-delà se trouve un centre intemporel – ce que certains appellent l'observateur pur, la conscience cosmique ou les pensées habituelles. Les états de mort imminente, en supprimant les apports normaux du corps et en perturbant les systèmes de l'ego, pourraient également permettre à la conscience d'atteindre ce royaume plus profond et intemporel. Il en résulte non seulement une distorsion du temps, mais aussi une évasion transitoire.

Les traditions religieuses et spirituelles du monde entier décrivent l'au-delà comme un royaume hors du temps. Dans la mystique chrétienne, le paradis est souvent décrit comme un espace de lumière et de paix éternelles, non déterminé par l'horloge. Dans l'eschatologie islamique, le Barzakh – un royaume entre la mort et la résurrection – est intemporel. Les philosophies hindoue et bouddhiste décrivent le moksha et le nirvana comme des états au-delà du temps et de l'espace. Le fait que tant de cultures associent la fin de la vie à une expérience hors du temps suggère que ces perceptions ne sont pas de simples accidents neurologiques humains, mais peuvent aussi refléter quelque chose d'archétypique, voire d'ontologique.

Cette expérience d'éternité, vécue lors des EMI, pourrait-elle révéler une dimension réelle de la réalité – un monde parallèle à notre univers physique, où le temps n'est pas toujours séquentiel mais holographique ? Certains physiciens, notamment ceux qui explorent les théories de l'univers-bloc ou de l'éternalisme, soutiennent que passé, présent et futur coexistent. Selon cette vision, le temps ne « s'écoule » pas, mais constitue plutôt une forme fixe que la conscience traverse. Si tel est le cas, la sensation que le temps se produit simultanément lors d'une EMI ne relève pas de la fiction, mais de la perception – un aperçu rare de la nature réelle du temps, non filtré par le traitement linéaire habituel de l'esprit.

L'un des aspects les plus mystérieux de la perception temporelle des EMI est l'évaluation de la vie – une reviviscence éclatante de toute sa vie. Les survivants la décrivent souvent non pas comme une succession de souvenirs, mais comme une immersion totale dans chaque instant, instantanément. Ils ressentent ce que d'autres ont ressenti à cause de leurs actions. Ils revivent des moments du point de vue de soi et de celui des autres. Les limites temporelles s'effondrent, remplacées par une harmonie de plaisir. C'est comme si l'âme percevait son récit dans son intégralité d'un seul regard, intemporel. Comment cela pourrait-il se produire en quelques secondes ? Là encore, cela implique que le cerveau ne construit pas l'expérience en fonction du temps quotidien dans ces situations. La conscience, peut-être temporairement désincarnée, fonctionne de manière non linéaire.

Les recherches psychologiques sur les EMI montrent que ces récits entraînent régulièrement de profonds changements de vie : une diminution de la peur de la mort, un altruisme accru, un changement de valeurs et une perception chronique de la continuité de l'attention. Nombre d'entre eux ne perçoivent plus le temps comme quelque chose à craindre ou à contrôler. Ils décrivent l'existence comme un rêve au sein d'une réalité plus vaste et soutiennent que notre obsession pour le passage du temps est ce qui nous lie à la souffrance et à l'illusion.

Dans cette perspective, le sentiment d'éternité pourrait être plus réel que l'expérience temporelle que nous appelons modes de vie ordinaires. Il pourrait représenter une proximité plus profonde avec le point focal, qui ne naît pas, ne vieillit pas et ne meurt pas. Cela soulève la question : sommes-nous des êtres immortels vivant une expérience temporelle, ou des êtres temporels aspirant à l'immortalité ?

Le scepticisme scientifique persiste, à juste titre. La mesure objective de l'expérience subjective pose de nombreux problèmes. Le cerveau soumis à une pression extrême est connu pour avoir des hallucinations. Mais nous devons également nous demander : pourquoi tant d'êtres humains, malgré des différences culturelles et personnelles aussi importantes, signalent-ils des changements comparables dans leur perception du temps face à la mort ? La cohérence de ces rapports et la clarté avec laquelle ils peuvent être mémorisés indiquent que quelque chose de plus qu'une activité cérébrale désorganisée pourrait être en jeu.

Que l'éternité soit un tour de passe-passe ou une fenêtre ouverte sur l'infini, sa présence dans les EMI est incontournable. Elle révèle une réalité depuis longtemps pressentie par les mystiques, les poètes et les chercheurs : cette réalité n'est pas aussi inflexible qu'il y paraît, et la part la plus profonde de nous-mêmes pourrait échapper à ses lois.

Si l'expérience de l'éternité, à un moment donné des EMI, est réelle – même subjective – alors notre perception de la vie, de la conscience et de la mort doit être réévaluée. Le temps, dans cette perspective, devient un vêtement que nous portons temporairement, et non une cage dans laquelle nous naissons et mourons. Et dans les instants où le voile se lève – que ce soit en méditation, en transe profonde ou à l'aube de la mort – nous pouvons aussi entrevoir ce qui se trouve au-delà : un calme, une lumière, un présent éternel qui, à l'origine, n'était jamais séparé de nous.

## 6.4 La capacité du cerveau à générer des réalités temporelles alternatives

Le temps, tel que nous le savourons, n'est pas seulement une pression constante s'écoulant du passé vers le futur. C'est une construction façonnée et filtrée par le cerveau – une expérience dynamique et malléable plutôt qu'une réalité figée. Des désirs et états de conscience modifiés aux anomalies neurologiques et traumatismes extrêmes, notre perception du temps peut s'étirer, se condenser, tourner en boucle, voire disparaître complètement. Ces écarts ne sont pas de simples erreurs cognitives ; ils révèlent le potentiel remarquable du cerveau à modifier les réalités temporelles. Les implications sont profondes et soulèvent des questions sur l'authenticité de notre expérience quotidienne et sur l'existence même du temps réel tel que nous le percevons.

L'esprit humain abrite une symphonie de réseaux interconnectés qui, ensemble, produisent ce que nous appréhendons comme le « flux » du temps. Ces réseaux sont responsables du séquençage des événements, de l'estimation des intervalles et du rythme de notre horloge interne. Mais cette horloge n'est pas toujours unique : elle est composée de plusieurs mécanismes fonctionnant en parallèle, mus par la mémoire, l'émotion, l'attention et la physiologie. Lorsque ces systèmes sont perturbés, la linéarité du temps s'effondre, remplacée par des histoires étranges et parfois bouleversantes qui défient la chronologie traditionnelle.

L'un des exemples les plus frappants d'échanges de réalités temporelles se trouve dans le monde du rêve. Pendant le sommeil paradoxal (REM), période où les rêves les plus intenses se produisent, le cerveau peut compresser des récits complexes en des chronologies apparemment infinies. On raconte souvent des jours, des semaines, voire des vies, en quelques minutes de sommeil. Cette distorsion temporelle résulte du fait que le cerveau rêveur ne mesure pas le temps à partir d'indices du monde réel. La séquence et la durée des activités sont façonnées par la logique interne, les émotions et les associations symboliques, révélant la capacité du cerveau à générer des chronologies totalement immersives, cohérentes mais indépendantes de l'heure réelle.

Un autre phénomène, les expériences psychédéliques, perturbe souvent la notion temporelle de manière radicale. Des substances comme le LSD, la psilocybine et la DMT peuvent provoquer d'intenses changements dans la perception du temps, le faisant ralentir, tourner en boucle sans fin, voire disparaître complètement. Sous ces effets, les minutes peuvent sembler interminables, et l'esprit peut se déployer avec une profondeur et une complexité infinies. Sur le plan neurologique, les psychédéliques modifient l'activité au sein du réseau du mode par défaut (RMD), un réseau cérébral lié au questionnement autoréférentiel et au traitement du temps. En perturbant le RMD, les psychédéliques atténuent les fonctions de filtrage du cerveau, permettant aux informations sensorielles et à la cognition interne de se combiner et de suivre leur cours librement, sans être restreintes par le temps linéaire.

Mais ces rapports ne se limitent pas aux états mentaux ou aux états provoqués par la drogue. Certaines affections neurologiques mettent également en évidence la capacité du cerveau à déformer la réalité temporelle. L'épilepsie du lobe temporal, par exemple, peut provoquer des crises qui régulent la notion du temps de manière dramatique. Les patients décrivent des sensations de ralentissement ou d'accélération du temps, de déjà-vu, voire de déconnexion totale avec la perception temporelle. Les lobes temporaux, comme leur nom l'indique, jouent un rôle essentiel dans la gestion des informations temporelles, et lorsqu'ils sont hyperactifs ou dérégulés, la réalité elle-même peut sembler désynchronisée.

De même, la maladie de Parkinson, la schizophrénie et le trouble bipolaire sont liés à des perturbations des mécanismes internes du rythme. Les personnes atteintes de schizophrénie peuvent ressentir une perception fragmentée du temps, où la cohérence de l'esprit et des activités se dégrade. Les personnes bipolaires en état maniaque constatent régulièrement une perception accrue du temps, où tout semble accéléré, le cerveau s'emballe et le monde semble aller trop vite. À l'inverse, lors des épisodes dépressifs, le temps peut sembler figé ou douloureusement lent, révélant l' influence profonde des états émotionnels et neurochimiques sur la durée de la concentration.

Les traumatismes et les situations potentiellement mortelles apportent un éclairage supplémentaire sur la flexibilité du temps perçu. Lors d'un accident de voiture, d'une chute ou d'une rencontre violente, de nombreuses personnes constatent que le temps semble ralentir, leur permettant d'observer les événements avec une précision extrême. Ce phénomène, parfois appelé tachypsychie, pourrait être une réaction adaptative du cerveau face à une catastrophe. L'amygdale, une structure clé impliquée dans le traitement des émotions et la détection des risques, devient hyperactive, entraînant une attention accrue et un encodage mnésique. Le résultat subjectif est une notion de temps allongé, même si le temps cible reste inchangé. Dans ces moments-là, le cerveau semble entrer dans un état de conscience temporelle accru, créant une chronologie changeante en quelques secondes de temps réel.

Un domaine encore plus mystérieux se découvre dans les états méditatifs et de transe. Les pratiquants de méditation profonde font souvent état d'intemporalité, ou d'une sensation d'être plongés dans un présent éternel. Dans les états supérieurs de samadhi (conscience) ou de conscience non jumelle, le passé et le futur se dissolvent, laissant place au présent. Des études EEG montrent que ces états sont liés à des variations des ondes alpha et thêta, qui s'accompagnent d'une expérience de paix, de solidarité et de détachement du flux temporel. Dans ces situations, l'esprit suspend sa création narrative du temps, permettant ainsi de se concentrer sur la relaxation dans un état hors de la linéarité.

Cette capacité à créer des réalités temporelles alternatives n'est pas une simple bizarrerie : elle peut être essentielle à la construction du sens et de l'identification. Notre expérience de soi est profondément liée à la mémoire, intrinsèquement temporelle. Lorsque l'esprit retrouve des souvenirs, il le fait en reconstruisant des événements passés pour les intégrer à la conscience présente. Mais cette méthode n'est pas toujours exacte ni linéaire. Les faux souvenirs, la compression temporelle et la distorsion rétrospective contribuent tous à la nature reconstructive du cerveau. Nous ne nous souvenons pas du passé tel qu'il était, mais tel qu'il est utile ou cohérent pour le soi actuel.

De même, nos projections dans le futur – projets, espoirs, angoisses – sont des actes de créativité, assemblés à partir de fragments d'études antérieures. Le réseau mental par défaut, responsable du vagabondage mental et de l'auto-projection, crée des simulations complexes de futurs possibles. Ces voyages temporels intellectuels, bien que fondés sur la

Au-delà de l'esprit

mémoire et le bon sens, ne sont pas limités par le temps réel. Nous pouvons envisager le temps en secondes, ou passer d'un élément de la vie à un autre en théorie, révélant ainsi la flexibilité inhérente de notre cognition temporelle.

Des études pointues en neurosciences cognitives et en psychologie considèrent désormais la notion de temps comme un ensemble d'attention incarnée, plutôt que comme un reflet précis du temps physique. Cela a donné naissance à des modèles tels que la théorie de la liaison temporelle, qui postule que le cerveau assemble activement les données sensorielles entrantes en chronologies cohérentes. Lorsque ce processus d'assemblage est altéré – que ce soit par des médicaments, un traumatisme, une infection ou des états altérés – la perception du temps qui en résulte change également.

D'un point de vue physique théorique, la perception du temps linéaire elle-même est indiscutable. En relativité, le temps n'est pas absolu : il se dilate en fonction du rythme et de la gravité. La théorie de l'univers-bloc suggère que l'au-delà, le présent et le futur coexistent, et que le flux du temps est une illusion. Si notre univers est un bloc d'espace-temps à quatre dimensions, alors l'expérience mentale du temps qui s'écoule peut être un artefact cognitif, bénéfique à la survie, mais ne reflétant pas la nature authentique de la vérité.

Cela ouvre une formidable opportunité : le cerveau, en générant des réalités temporelles d'échange, peut aussi parfois accéder à des éléments plus profonds de la structure de l'univers ou les simuler. L'hypothèse de l'esprit quantique, bien que spéculative, suggère que les mécanismes quantiques internes aux neurones pourraient permettre des moments d'intrication avec des enregistrements temporels non locaux. Bien que discutables, ces hypothèses reflètent les témoignages subjectifs de personnes ayant fait l'expérience de l'intemporalité, suggérant que la conscience pourrait interagir avec le temps selon des modalités encore mal comprises.

De plus, le phénomène de chronostase – un fantasme temporel où l'instant suivant un mouvement oculaire inattendu semble se fermer plus longtemps qu'il ne le fait réellement – démontre à quel point notre perception du moment présent est fragile et construite. L'illusion de l'horloge arrêtée, où une horloge semble se figer une seconde au premier coup d'œil, est un exemple concret de la modification novatrice du temps par l'esprit, prouvant ainsi que ce que nous percevons n'est pas le temps lui-même, mais un récit construit par la pensée.

Prises ensemble, toutes ces découvertes mènent à une conclusion radicale : le cerveau n'apprend plus passivement le temps, il le fabrique. Ce faisant, il construit plusieurs versions de la réalité, dont certaines s'alignent sur le temps physique, et d'autres divergent vers des expériences apparemment surréalistes, infinies ou cycliques.

Ces réalités commerciales ne sont pas véritablement des erreurs ou des pathologies. Elles peuvent être essentielles à la créativité, à la restauration, à la spiritualité et à la transformation. En transe profonde ou en état méditatif, les êtres humains font souvent état de profondes intuitions, d'une réorganisation de leurs priorités vitales ou d'une nouvelle expérience de connexion cosmique, autant de phénomènes qui naissent du fait de sortir du temps conventionnel.

Dans cette optique, la capacité du cerveau à produire des chronologies d'échange pourrait être perçue non pas comme un défaut de perception, mais comme un portail vers d'autres modes d'être. L'expérience du temps n'est pas toujours singulière. C'est un phénomène stratifié, capable de se déployer selon d'infinies configurations. Notre expérience de l'éveil, limitée par la biologie et la tradition, n'en est qu'une parmi tant d'autres.

Nous sommes, par essence, des voyageurs temporels. Notre esprit nous transporte à travers les décennies grâce à un concept, nous remémore des souvenirs chargés d'émotions et nous imagine des avenirs qui ne nous échappent jamais. Le cerveau ne vit pas simplement dans le temps : il le crée, le façonne, le courbe et, parfois, le transcende.

À mesure que les neurosciences continuent de découvrir ces dimensions, nous pourrions également découvrir que les plus grands mystères du temps ne résident pas dans la matière de l'espace ou dans les équations de la physique, mais dans les replis de la reconnaissance elle-même. L'esprit n'est pas seulement un outil de survie. C'est un chrononaute : un créateur de mondes, de lignes temporelles, de désirs temporels.

## 6.5 L'esprit peut-il déformer le temps ?

L'idée que le temps est un ensemble linéaire, fixe et rapide, se déplaçant inexorablement du passé au destin est au cœur de la pensée humaine depuis des millénaires. Nous vivons au rythme d'horloges et de calendriers, ancrés dans des routines et des attentes façonnées par l'ordre temporel. Pourtant, au cœur même de la conscience réside une réalité troublante : le temps n'est pas aussi immuable qu'il y paraît. Il s'étire, se répète, s'effondre et disparaît complètement, du moins dans le panorama de l' esprit. La question se pose avec une acuité croissante en neurosciences, en psychologie et en physique : l'esprit peut-il véritablement manipuler le temps ?

Pour répondre à cette question, il faut d'abord comprendre ce que l'on entend par « temps ». En physique, le temps est souvent décrit comme une grandeur, correspondant à l'espace, à travers laquelle se déplacent le nombre et la force. Dans la théorie de la relativité d'Einstein, le temps est relatif : il ralentit à proximité d'objets imposants ou à grande vitesse, prouvant ainsi que le temps n'est pas absolu. Mais il s'agit là d'un cadre extérieur, objectif. Intérieurement, le temps est tout autre chose : un ensemble d'attention consciente, une forme générée par le cerveau pour ordonner des rapports, anticiper des activités et créer une continuité dans l'identité.

Cette version interne du temps est tout sauf solide. Elle est très sensible à l'humeur, à l'attention, à la nouveauté, à la mémoire et à l'état neurologique. C'est un phénomène émergent, créé par des réseaux neuronaux et des systèmes sensoriels fonctionnant en synchronie. Lorsque cette synchronie change, notre perception du temps change également. Et c'est là que réside l'exutoire de l'influence formidable de l'esprit : non pas sur le glissement du temps physique, mais sur le temps perçu – le temps le plus simple que nous connaissions réellement.

Considérez le ralentissement subjectif du temps lors des moments de catastrophe. Un accident de voiture, une expérience frôlant la mort ou un traumatisme soudain peuvent donner l'impression que le temps s'est dilaté, que chaque élément se révèle au ralenti. D'un point de vue neurobiologique, cela peut être dû à une activité accrue dans l'amygdale, qui renforce l'encodage des informations sensorielles, générant ainsi davantage d'images en 2D, pour ainsi dire. Le cerveau ne ralentit pas le temps ; il augmente la densité des informations. Pourtant, pour la personne qui en fait l'expérience, l'effet est indéniable : le temps se déforme à chaque instant de danger.

À l'autre extrémité du spectre se trouve le phénomène de « se laisser porter par le courant », un état d'immersion totale dans un passe-temps où le temps semble s'évanouir. Artistes, athlètes, musiciens et codeurs décrivent régulièrement ce sentiment d'intemporalité alors qu'ils sont pleinement absorbés par leur art. Dans ce mouvement, l'attention à soi diminue, le temps passe inaperçu et les frontières entre l'esprit et l'action s'estompent. Ces états, souvent associés à une activité excessive de dopamine et de noradrénaline dans le cortex préfrontal, suggèrent qu'une fois la concentration cognitive affinée, le tic-tac normal de l'horloge mentale est suspendu. L'esprit, absorbé, cesse de compter le temps et, ce faisant, le modifie.

Les rêves offrent un autre exemple frappant. Pendant le sommeil paradoxal, l'esprit convoque des récits entiers, longs, complexes et émotionnellement intenses, pourtant surgissant souvent en quelques secondes seulement. Les illusions temporelles des rêves suggèrent que l'esprit peut construire des chronologies élaborées sans apport extérieur, sans être contraint par les règles de l'ordre chronologique. Passé, présent et futur peuvent également coexister dans un rêve ; les symboles remplacent la séquence, et la causalité cède la place à la logique émotionnelle. Dans ces moments, l'esprit courbe le temps de manière absolue, créant des histoires hors des limites de la temporalité éveillée.

Cette force se manifeste dans les rapports méditatifs et mystiques. Les praticiens de la pleine conscience profonde ou des états transcendantaux constatent régulièrement la dissolution de la reconnaissance temporelle. Dans les états avancés d'absorption méditative, la perception du temps s'interrompt complètement. Les neurosciences ont commencé à étudier ce phénomène par l'électroencéphalographie (EEG) et l'imagerie par résonance magnétique fonctionnelle (IRMf), et ont découvert que des régions comme le réseau du mode par défaut (RMD), impliquées dans la pensée autoréférentielle et le traitement temporel, manifestent une perte d'intérêt. Le moment présent s'élargit pour devenir le moment le plus efficace, et le passage linéaire du temps disparaît. Ces études confirment que la notion de temps n'est pas seulement malléable, mais peut être suspendue par le champ mental.

Dans les troubles psychiatriques, le temps peut être déformé au point de provoquer une désorientation. Les personnes atteintes de schizophrénie peuvent également présenter des chronologies désordonnées, où le motif et l'effet se confondent ou s'opposent. La dépression peut donner l'impression que le temps s'écoule sans fin, tandis que la manie peut également l'accélérer jusqu'au chaos. La notion de temps devient alors un symptôme, le reflet de la chimie et de la structure altérées du cerveau. Des études suggèrent que la dopamine joue un rôle majeur dans la synchronisation des intervalles, c'est-à-dire notre capacité à estimer les périodes. Lorsque les niveaux de dopamine sont perturbés, notre perception du temps qui passe l'est également. Cela renforce l'idée que le temps n'est pas perçu dans le vide, mais comme un produit de l'activité neurochimique.

L'un des phénomènes les plus mystérieux liés à la déformation mentale du temps est le déjà-vu, cette étrange sensation qu'un moment présent s'est déjà produit. Traditionnellement considéré comme une anomalie de la mémoire, le déjà-vu pourrait provenir de défauts du système de traitement temporel cérébral, notamment dans l'hippocampe et le cortex temporal. La sensation de « revivre » pourrait être un chevauchement temporel temporaire, un hoquet neurologique où l'entrée sensorielle actuelle est à tort assimilée à de la mémoire. Cela suggère que l'esprit peut replier le temps vers l'intérieur, créant ainsi des boucles récursives de plaisir.

De même, les substances hallucinogènes perturbent fréquemment et radicalement la perception du temps. Les consommateurs de LSD, de psilocybine et de DMT rapportent généralement une dilatation du temps, des boucles temporelles ou des expériences d'éternité. Sous l'effet de ces substances, les mécanismes de filtrage du cerveau se relâchent, notamment au niveau du thalamus et du DMN, permettant aux enregistrements sensoriels et à la pensée de flotter sans contraintes. Cela entraîne souvent des représentations non linéaires, voire fractales, du temps. La notion d'un « maintenant » devient volatile, augmentant ou diminuant selon les apports émotionnels et perceptifs. Ces états altérés confortent l'idée que le temps, tel que nous le percevons, est une hallucination d'ordre supérieur – un assemblage cognitif imposé à un fait plus fluide et moins déterministe.

D'un point de vue théorique, nous pourrions élargir ces phénomènes intellectuels à un territoire philosophique plus profond. Si l'esprit peut construire des études non linéaires du temps, et si le temps subjectif peut être manipulé aussi facilement, qu'en est-il de la nature même du temps ? Certaines interprétations de la physique quantique, comme la théorie des mondes multiples ou la gravitation quantique à boucles, suggèrent que le temps n'est pas toujours fondamental, mais émergent. Dans ces modèles, le temps naît de changements dans les relations entre les états quantiques plutôt que du présent comme toile de fond neutre. Cela signifie que notre perception intellectuelle du temps pourrait s'aligner plus étroitement sur la matière de la réalité que nos horloges.

Le chercheur de vérité Emmanuel Kant a un jour soutenu que le temps (et l'espace) ne sont pas des lieux du monde extérieur, mais des formes de la perception humaine. Autrement dit, le temps n'est peut-être pas « accessible » du tout, mais seulement identifiable. Les sciences cognitives modernes commencent à faire écho à ce point de vue, décrivant le temps comme un assemblage neuronal plutôt qu'une constante physique. Si cela est vrai, alors l'esprit ne se contente pas de percevoir le temps ; il le crée. Et ce que l'esprit crée, il peut le remodeler.

Les technologies émergentes commencent aujourd'hui à découvrir des moyens de manipuler intentionnellement cet assemblage. Les environnements de réalité virtuelle peuvent déformer le temps en modifiant les boucles de commentaires, les niveaux d'immersion et le rythme narratif. Des interfaces expérimentales utilisant le neurofeedback et l'interaction cerveau-ordinateur suggèrent qu'il serait possible d'entraîner le cerveau à percevoir le temps différemment. Les implications pour la thérapie, la performance et même le vieillissement sont profondes. Si le temps subjectif peut être étiré ou comprimé, il en va de même pour notre expérience de l'existence elle-même.

Dans les cas graves, comme les récits de sorties extracorporelles et de morts imminentes, les individus décrivent fréquemment des États-nations intemporels, une lumière infinie ou « le fait de voir leur existence entière défiler devant leurs yeux ». Qu'il s'agisse de phénomènes neurologiques ou d'aperçus d'une réalité plus profonde reste un sujet de débat passionné. Mais leur point commun, au-delà des cultures, des croyances et des antécédents personnels, suggère une capacité cognitive commune à sortir complètement du flot du temps. Ces moments entraînent souvent des changements de vie radicaux, suggérant que la rencontre avec l'intemporalité peut être psychologiquement transformatrice.

L'esprit peut-il déformer le temps ? Si, par « déformer », nous entendons déformer, suspendre ou remodeler notre expérience du temps, alors la réponse est sans équivoque. L'esprit n'est pas un observateur passif du temps : il façonne la réalité temporelle. Il peut l'accélérer, le ralentir, le fragmenter ou l'effacer complètement. Ce faisant, il montre clairement que le temps n'est plus un fleuve sur lequel nous voguons, mais une mer que nous sculptons à chaque acte d'attention, de mémoire et d'imagination.

Mais si nous supposons une déformation du temps objectif – une modification de la séquence des événements à l'intérieur du monde extérieur –, nous entrons alors en territoire spéculatif. Bien qu'il n'existe aucune preuve que cette idée puisse à elle seule modifier l'espace-temps lui-même, notre connaissance du temps reste incomplète. L'intrication quantique, la rétrocausalité et les phénomènes observés suggèrent que la frontière entre conscience et réalité physique ne sera pas aussi constante qu'on le croyait.

La question essentielle n'est peut-être pas de savoir si l'esprit peut plier le temps, mais s'il le fait déjà, continuellement, à notre insu. Chaque souvenir que nous nous remémorons, chaque projet que nous élaborons, chaque histoire que nous racontons sur nous-mêmes est une déformation de l'axe temporel. Nos vies ne sont pas vécues comme une ligne, mais comme un arc narratif, réaménagé dans l'esprit pour lui donner cohérence et sens. Dans cette expérience, l'esprit est un architecte temporel, construisant le passé à partir des ruines de la mémoire et projetant l'avenir sur l'échafaudage du désir et de l'inquiétude.

La capacité de l'esprit à déformer le temps ne réside pas dans la transgression des lois de la physique, mais dans la transcendance de l'illusion du temps constant. Plus nous explorons les mécanismes internes de la croyance, plus nous découvrons que le temps n'est pas une cage, mais une toile. L'esprit, dans sa complexité, nous donne les outils non seulement pour mesurer les minutes, mais aussi pour les réinventer.

# CHAPITRE 7

## Expériences de conscience qui repoussent les limites de la réalité

## 7.1 Rêves lucides : manipulation mentale de la réalité

Le rêve lucide est l'un des phénomènes les plus énigmatiques et profonds de l'expérience humaine – un monde hybride unique où le rêveur prend conscience qu'il rêve et peut, à des degrés divers, influencer le contenu et le déroulement de son rêve. Ce phénomène mental brouille la frontière entre la volonté consciente et le tissu inconscient du sommeil. Dans les rêves lucides, l'esprit devient à la fois observateur et architecte de la réalité, révélant non seulement l'élasticité de l'expérience subjective, mais aussi les profonds potentiels cognitifs qui sommeillent en nous. Cela pose une question simple mais actuelle : que se passe-t-il lorsque nous prenons conscience dans un monde né entièrement de notre propre conscience ?

Le terme « rêve lucide » a été officiellement utilisé pour la première fois par le psychiatre néerlandais Frederik van Eeden au début du XXe siècle, bien que les références historiques aux objectifs conscients de soi remontent à des siècles. Les bouddhistes tibétains pratiquaient une forme de yoga du rêve pour leur développement spirituel, utilisant la lucidité onirique comme terrain d'apprentissage de l'attention. Mais ce qui distingue les objectifs lucides des objectifs quotidiens n'est pas seulement la conscience du rêve, mais la capacité à modifier le paysage onirique lui-même. Les

Au-delà de l'esprit

montagnes peuvent léviter. Le temps peut s'inverser. Les conversations peuvent surgir de fragments de mémoire ou d'imagination. Dans les objectifs lucides, l'esprit évolue dans un monde de possibilités infinies, limité uniquement par les idéaux, les attentes et la créativité cognitive de chacun.

Les désirs lucides surviennent généralement pendant le sommeil paradoxal (REM), une phase associée aux rêves éveillés et à une activité cérébrale accrue. Des études neuroscientifiques utilisant l'IRM fonctionnelle et l'électroencéphalographie (EEG) ont montré que, lors des rêves lucides, certaines régions du cerveau, notamment le cortex préfrontal dorsolatéral, habituellement inactif pendant le REM, sont réactivées. Cette zone est liée à la métacognition, à l'image miroir de soi et à la mémoire fonctionnelle, ce qui suggère que la lucidité dans les rêves est le résultat d'une fonction exécutive réengagée dans un état par ailleurs subconscient. Ainsi, le rêve lucide est un monde hybride, un pont neurologique entre l'attention éveillée et l'inconscience onirique.

Ce qui rend les rêves lucides si fantastiques, c'est la capacité du rêveur à manipuler son monde intérieur. Les rêveurs lucides expérimentés enregistrent régulièrement la capacité de voler, de traverser les murs, de changer d'environnement ou d'invoquer des êtres humains et des objets à volonté. Contrairement à la réalité virtuelle, limitée par des paramètres programmés, le monde du rêve est totalement intérieur et infiniment malléable. L'esprit simule les entrées sensorielles avec un réalisme extraordinaire, créant des expériences indiscernables de la réalité éveillée. Textures, sons et même douleur peuvent être ressentis comme dans le monde réel. Mais dans les rêves lucides, le rêveur détient le contrôle à distance.

Cette manipulation de la vérité intellectuelle remet en question les idées reçues sur la reconnaissance et la manipulation. Dans la vie éveillée, nous sommes souvent à la merci des événements. Dans les rêves lucides, le scénario est réécrit par le rêveur. Il peut affronter la peur, explorer les désirs, construire des mondes. Pour beaucoup, cela sert à des fins thérapeutiques ou exploratoires. Les rêves lucides sont étudiés pour leur efficacité dans le traitement des cauchemars, où le rêveur apprend à s'immiscer dans des objectifs ordinaires et pénibles. D'autres utilisent la lucidité pour le traitement des émotions, la création de concepts ou l'exploration philosophique.

Mais les implications du rêve lucide vont bien au-delà du simple loisir ou de l'auto-assistance. Elles interrogent la nature même de la réalité. Si le cerveau peut simuler la réalité de manière aussi convaincante pendant le sommeil, qu'en dit-on de notre expérience éveillée ? De Descartes à Chalmers, des philosophes se sont demandés si la vie éveillée pouvait être une forme de rêve plus puissante. L'hypothèse de la simulation, qui postule que notre réalité pourrait être une simulation computationnelle, prend une nouvelle dimension lorsqu'elle est envisagée à travers le prisme de la lucidité onirique. Dans les rêves comme dans les simulations, la perception est générée, et non pas immédiatement vécue. En ce sens, les rêves lucides deviennent un laboratoire d'expérimentation ontologique, un lieu où la réalité est vécue comme une construction subjective.

De plus, le rêve lucide offre un terrain fertile pour explorer la neuroplasticité et l'apprentissage intellectuel. Des études ont démontré que la répétition d'activités physiques dans un but lucide – comme des mouvements sportifs ou des performances musicales – peut améliorer les performances dans le monde réel. Le cortex moteur présente une activation similaire lors des mouvements rêvés et lors d'un exercice à l'état de veille, suggérant que les rêves lucides pourraient constituer une forme d'entraînement cognitif amélioré. Certains chercheurs ont suggéré que le rêve lucide pourrait être utilisé en réadaptation, permettant aux patients de répéter leurs tâches motrices avec précision, accélérant ainsi potentiellement la récupération neuronale.

Les technologies repoussent également les limites de la lucidité onirique. Les techniques d'induction du rêve, comme la vérification de la réalité, le réveil dos au lit (WBTB) et l'induction mnémotechnique d'objectifs lucides (MILD), sont subtiles et combinées à des dispositifs portables qui fournissent des signaux lumineux, sonores ou vibratoires pendant le sommeil paradoxal pour favoriser la lucidité. Des appareils comme le LucidCatcher ou le Neuroon surveillent l'activité cérébrale et tentent d'inciter doucement le dormeur à réaliser qu'il rêve. Bien que ces dispositifs n'en soient qu'à leurs balbutiements, ils marquent le début d'une nouvelle frontière : le piratage des rêves.

Les questions éthiques commencent à se poser avec succès. Si l'on peut explorer, contrôler, voire devenir accro à des mondes oniriques créés par soi-même, quels sont les risques psychologiques ? Une personne pourrait-elle se détacher émotionnellement de la vie éveillée si le monde onirique offre plus de contrôle et de satisfaction ? Les désirs lucides pourraient-ils devenir une forme d'évasion neurologique, une réalité alternative hyperpersonnalisée rivalisant avec le monde réel, social, chaotique et imprévisible ? Ces inquiétudes font écho à celles soulevées par la réalité virtuelle, mais sont plus intimes, car les rêves lucides sont personnels, immersifs et façonnés entièrement par le soi.

Le rêve lucide recoupe également les traditions spirituelles et métaphysiques. De nombreux praticiens décrivent leurs désirs lucides comme des portes d'accès à une meilleure attention ou à des études transpersonnelles. Ils font état de rencontres avec des figures symboliques, d'un sentiment de dissolution de l'ego ou de moments de profonde cohésion et d'amour. Que ces expériences soient essentiellement neurochimiques ou liées à un contact avec quelque chose de transcendantal reste sujet à interprétation. Mais il apparaît clairement que l'état de rêve lucide ouvre une porte sur les architectures les plus profondes de la psyché, un espace où les schémas subconscients peuvent être observés et transformés.

La capacité à émerger conscient dans un rêve et à le façonner par la volonté soulève une question plus vaste concernant les limites de la volonté. Si nous pouvons diriger notre esprit dans un rêve, qu'est-ce qui nous empêche d'atteindre la même maîtrise dans la vie éveillée ? Les objectifs lucides soulignent que la conscience n'est pas toujours un état binaire – éveillé ou endormi – mais un spectre, et que la reconnaissance peut être cultivée à travers ce spectre avec la pratique. Ils suggèrent que les frontières entre l'état de veille et le rêve, entre la réalité et la créativité, sont plus poreuses qu'on ne le pense.

Fondamentalement, le rêve lucide est un miroir reflétant les capacités d'innovation et de conscience de l'esprit humain. Il démontre que la croyance, la mémoire, l'identité et les moyens ne sont pas des structures fixes, mais des flux dynamiques, ouverts à la révision, à la réorientation et à la réinvention. Dans les rêves lucides, l'esprit devient à la fois acteur et réalisateur, artiste et toile, explorateur et paysage. Et dans cette intersection sacrée entre conscience et création, la vérité se déploie.

Les rêves lucides n'offrent pas de rupture avec la réalité. Ils offrent quelque chose de bien plus radical : la possibilité de la redéfinir, non seulement dans le sommeil, mais dans la vie. Car lorsque nous apprenons que nous pouvons prendre conscience dans un rêve et le transformer, nous commençons à nous demander : pouvons-nous faire de même dans la vie éveillée ? Pouvons-nous devenir lucides dans nos comportements, nos peurs, nos modes de pensée, puis, par le biais de choix conscients, les remodeler ?

Le rêve lucide est plus qu'une simple curiosité mentale. C'est une révolution silencieuse qui se déroule nuit après nuit, dans les chambres du monde entier. Et il nous apprend, doucement et profondément, que l'esprit n'est pas prisonnier de la vérité, mais qu'il en est le maître.

## 7.2 Projection astrale et mouvement de l'esprit au-delà de l'espace

La projection astrale, également appelée expérience hors du corps (EHC), est un phénomène où l'on se perçoit comme étant à l'extérieur, dans son corps physique, voyageant régulièrement dans des environnements ou des États-nations extraordinaires. Cette expérience est intrinsèquement subjective : elle dépend de la perception et de la conscience de l'individu, et non de conséquences externes mesurables. Cela rend le phénomène difficile à vérifier par les méthodes cliniques conventionnelles, ce qui suscite des débats quant à sa nature mentale, neurologique ou métaphysique.

L'une des façons les plus courantes d'enregistrer une projection astrale est d'atteindre un état profond de repos et d'attention modifiée, souvent pratiqué par la méditation, des exercices de respiration profonde ou pendant le sommeil. Ces états semblent permettre aux personnes d'entrer dans un espace mental où elles peuvent percevoir leur « corps astral » comme détaché de leur forme physique. Certains décrivent cette sensation comme « flotter » ou « quitter » leur corps, tandis que d'autres évoquent un voyage vers des lieux lointains ou d'autres dimensions.

Malgré sa nature subjective, la projection astrale a captivé l'imagination de nombreuses cultures et traditions religieuses. Cette expérience est souvent associée à une attention accrue, à une sensation de libération du corps physique et, parfois, à de profondes intuitions spirituelles ou philosophiques. Pour beaucoup, la projection astrale est un moyen d'accéder à des univers au-delà du quotidien physique, ouvrant la voie à des récits transcendant le temps et l'espace.

D'un point de vue neurologique, la projection astrale est souvent perçue comme une forme de dissociation. Lors des sorties hors du corps, les personnes perçoivent généralement leur environnement avec indifférence, comme si elles le regardaient d'en haut ou d'un point de vue extérieur. Cela suggère que l'esprit pourrait développer une représentation extraordinairement brillante et spatialement déformée de l'environnement, ce qui pourrait expliquer la sensation de flotter ou de « sortir » du cadre.

Les zones cérébrales impliquées dans la conscience spatiale, comme la jonction temporo-pariétale (JTP), jouent un rôle essentiel dans la perception du cadre et l'orientation spatiale. Des études utilisant des techniques d'imagerie fonctionnelles, notamment l'IRMf, ont montré que des perturbations au sein de la JTP peuvent entraîner des sensations de sensations extracorporelles. Cela suggère qu'une suractivation ou une déconnexion de zones cérébrales positives peut également engendrer la croyance que l'esprit n'est plus transmis par le corps physique.

La paralysie du sommeil est un autre phénomène susceptible de nous éclairer sur les fondements neurologiques de la projection astrale. Durant la paralysie du sommeil, le corps reste temporairement paralysé pendant la transition entre le sommeil et l'éveil, même si les pensées restent actives. Cela entraîne une déconnexion entre les stratégies mentales et physiques, souvent suivie d'images vibrantes et oniriques, ainsi que d'une sensation de flottement ou de déplacement dans l'espace. Pour certains, ce phénomène se traduit par une expérience hors du corps, où ils croient pouvoir voyager dans des lieux reculés ou observer des événements depuis l'extérieur.

De nos jours, l'expérience de la projection astrale pourrait être une forme de désorientation sensorielle ou une illusion créée par l'utilisation du mental pour percevoir des signaux contradictoires. Cependant, la cohérence des témoignages suggérés entre les personnes de différentes cultures et époques soulève des questions sur la nature de la concentration et sur la possibilité que nos perceptions de l'espace et de soi ne soient pas aussi constantes qu'on pourrait le croire.

L'une des questions essentielles concernant la projection astrale est de savoir si les pensées peuvent réellement transcender le cadre. Les partisans de la projection astrale soutiennent souvent que l'attention n'est pas toujours une simple préoccupation mentale, mais plutôt un élément fondamental de l'univers pouvant exister indépendamment de la forme physique. Selon cette vision, l'esprit, ou « l'âme », est capable de quitter le cadre et de voyager à travers des dimensions ou des plans de vie spécifiques.

Ce concept s'inscrit dans de nombreuses traditions philosophiques et spirituelles, qui soutiennent depuis longtemps que la reconnaissance ne se limite pas à l'universalité. Les philosophies orientales, dont le bouddhisme et l'hindouisme, décrivent des pratiques comme la méditation et le yoga qui visent à cultiver la conscience de la séparation de l'esprit et du corps. De même, les traditions ésotériques occidentales, dont l'hermétisme et le gnosticisme, évoquent la capacité de l'âme à transcender le monde physique et à accéder à des états d'existence supérieurs.

Certains penseurs d'avant-garde, encouragés par la physique quantique, ont même émis l'hypothèse que la conscience serait un phénomène non local. En mécanique quantique, la non-localité désigne le concept selon lequel les particules peuvent s'influencer mutuellement immédiatement, quelle que soit la distance qui les sépare. Si la conscience est également non locale, elle pourrait être capable de se manifester et de fonctionner au-delà des limites de l'espace-temps. La projection astrale, dans ce contexte, peut être considérée comme une forme de focalisation non locale, où l'esprit s'étend au-delà de ses limites physiques.

Le débat sur la réalité de la projection astrale ou son élaboration purement artificielle fait rage. Les sceptiques soutiennent que les sorties hors du corps peuvent être définies par des processus mentaux et neurologiques naturels, ainsi que par la tendance du cerveau à créer des rêves illusoires ou des hallucinations lors d'états de concentration modifiés. Ils suggèrent que ces expériences, bien que convaincantes, ne prouvent pas la capacité de l'esprit à se déplacer hors du cadre, mais reflètent plutôt le fonctionnement interne complexe du cerveau.

À l'inverse, les partisans de la projection astrale soulignent la cohérence des rapports, les effets transformateurs qu'ils produisent fréquemment sur les individus et la réalité subjective avec laquelle les individus relatent leurs voyages. Pour beaucoup, cette expérience transforme leur vie et conduit souvent à un changement de perspective sur la nature de la réalité, de la conscience et de l'âme. Il est difficile de considérer ces études comme de simples fantasmes, surtout lorsque les individus fournissent des informations vérifiables sur leur environnement ou sur des événements survenus hors de leur corps.

Bien qu'il n'existe aucune preuve scientifique définitive que la projection astrale représente une vérité objective, la nature personnelle et subjective de cette expérience a suscité de nouvelles explorations sur la relation entre la concentration, l'esprit et la nature de l'espace-temps. À mesure que les études en physique quantique, en neurosciences et en recherche sur l'attention se confirment, nous pourrions un jour mieux comprendre si l'esprit peut réellement transcender le corps et explorer des régions géographiques au-delà de notre monde physique.

## 7.3 Épilepsie, troubles neurologiques et réalités alternatives

L'épilepsie et divers troubles neurologiques sont depuis longtemps associés à des états d'attention altérés et à des perceptions de la vérité déviantes de ce qui est considéré comme normal. Les liens entre ces affections et les récits de « réalités alternatives » ou d'« états d'attention anormaux » soulèvent des questions cruciales sur la capacité du cerveau à générer et à manipuler notre perception de la réalité. Ces situations entraînent régulièrement des perceptions d'altérations du temps, de l'espace et du soi, révélant une complexité plus profonde de la nature de l'esprit et de sa relation au monde qui l'entoure.

L'épilepsie est une maladie neurologique caractérisée par des crises récurrentes, dues à un étrange phénomène électrique cérébral. Ces crises peuvent prendre diverses formes, allant de brèves pertes de conscience à de graves convulsions, et leurs effets sur le cerveau peuvent provoquer divers troubles sensoriels et perceptifs. Dans certains cas, les personnes épileptiques ressentent de profonds changements dans leur perception du temps, de l'espace et de la réalité. Ces expériences peuvent inclure des hallucinations intenses, une perception déformée du temps, des sensations extracorporelles et des rencontres avec des États-nations apparemment surnaturels.

L'un des exemples les plus frappants de ce phénomène est l'épilepsie du lobe temporal, qui affecte la zone du cerveau responsable du traitement des informations sensorielles et de la gestion des émotions. Les patients atteints d'épilepsie du lobe temporal rapportent souvent des visions spirituelles ou mystiques intenses, des sensations de déjà-vu et la sensation d'être dans une « dimension spécifique ». Ces symptômes suggèrent que la capacité du cerveau à générer et à interpréter les informations sensorielles peut parfois devenir hyperactive ou incohérente, ce qui entraîne des récits qui brouillent les frontières entre les états mentaux intérieurs et la réalité extérieure.

Le rôle des lobes temporaux dans la production de perceptions altérées de la réalité a fait l'objet d'études importantes. Lors des crises, l'attention électrique du cerveau peut se propager à diverses zones, perturbant le traitement cognitif quotidien et conduisant à la formation d'hallucinations ou de délires. Parfois, les personnes épileptiques décrivent des rapports reproduisant ceux rapportés par des personnes ayant traversé divers états de conscience modifiés, notamment des expériences de mort imminente, des états liés à la consommation de drogues ou des rituels mystiques. Les distorsions sensorielles et les états modifiés induits par l'épilepsie suggèrent que le cerveau possède une capacité inhérente à « ajuster » la réalité, soit en intensifiant les rapports

Fevzi H.

positifs, soit en se détachant complètement du monde physique.

Outre l'épilepsie, d'autres troubles neurologiques peuvent également entraîner des perceptions déformées du temps, de l'espace et de soi. Des troubles comme la schizophrénie, le trouble dissociatif de l'identité et certaines formes de lésions cérébrales peuvent également donner lieu à des études qui semblent défier la compréhension traditionnelle de la réalité. Par exemple, les personnes atteintes de schizophrénie rapportent fréquemment entendre des voix, avoir des hallucinations ou vivre une expérience d'irréalité, autant de symptômes qui témoignent de la complexité de la relation du cerveau avec les informations sensorielles et la construction de la réalité.

Ces études remettent en cause la notion de vérité fixe et objective et soulèvent des questions essentielles sur la nature de la conscience. Si le cerveau peut produire des réalités commerciales aussi claires et convaincantes à travers de nombreux troubles neurologiques, qu'en est-il de sa capacité à créer, contrôler, voire à « s'échapper » du monde matériel ? Ces états altérés pourraient-ils nous donner un aperçu des dimensions ou réalités commerciales qui existent en parallèle avec le nôtre ? Ou s'agit-il simplement de manifestations de la tentative du cerveau de percevoir une surcharge ou un trouble sensoriel ?

Le concept de réalités alternatives n'est pas toujours nouveau. Diverses traditions spirituelles et philosophiques postulent depuis longtemps l'existence de mondes parallèles, de dimensions supérieures ou de régions géographiques dépassant la perception normale. Nombre de ces traditions évoquent la capacité de l'esprit à accéder à ces mondes par le biais d'états de conscience modifiés, provoqués ou non par la méditation, un rituel ou la maladie. Le concept de « voyages chamaniques », par exemple, implique la perception que certaines personnes peuvent accéder à des états de conscience modifiés, les emmenant vers d'autres mondes ou régions géographiques, guidées par des visions ou des êtres spirituels. Ces études reflètent régulièrement les perceptions des personnes atteintes de troubles neurologiques, qui témoignent de rencontres avec des entités surnaturelles, d'une distorsion du temps et du sentiment d'être dans un espace unique.

Les parallèles entre ces croyances traditionnelles et les témoignages de personnes atteintes de troubles neurologiques sont saisissants. Si certains peuvent affirmer que les cas d'épilepsie ou de schizophrénie sont le résultat d'un trouble cérébral ou d'une surcharge sensorielle, d'autres soutiennent que ces états altérés pourraient également ouvrir une fenêtre sur une connaissance plus profonde de la réalité, transcendant les contraintes de nos croyances habituelles.

En ce sens, les troubles neurologiques peuvent également servir de passerelles vers des réalités alternatives, permettant aux individus d'accéder à des zones géographiques autrement inaccessibles à la personne moyenne. Ces réalités ne sont pas nécessairement « illusoires » ou « hallucinatoires », mais peuvent également constituer des couches ou des dimensions spécifiques de la conscience, au-delà du monde matériel. Le cerveau, dans cette perspective, devient une sorte d'antenne, captant des fréquences ou des dimensions qui dépassent généralement nos capacités sensorielles quotidiennes.

Les témoignages de personnes souffrant de troubles neurologiques soulèvent la possibilité intéressante que l'esprit puisse accéder à des réalités ou des dimensions commerciales. Si la technologie dominante a tendance à considérer ces récits sous un angle scientifique, les décodant comme des signes et symptômes de troubles cérébraux, d'autres perspectives soutiennent que ces expériences peuvent également détenir la clé de l'appréciation de la nature de la conscience et de la réalité elle-même. Dans cette perspective, l'esprit ne se limiterait pas au corps ou au monde matériel, mais pourrait aussi avoir accès à des États-nations de vie non corporels.

Le lien entre troubles neurologiques et réalités ajustées soulève également des questions sur les limites de la croyance humaine et le potentiel d'une meilleure reconnaissance. Si l'esprit peut générer des expériences aussi lumineuses et convaincantes de réalités alternatives en réaction à une maladie ou à un traumatisme, serait-il également viable de cultiver ces études intentionnellement, par la méditation, les psychédéliques ou d'autres techniques ? Cela pourrait suggérer que la concentration n'est pas toujours un récepteur passif d'informations sensorielles, mais un acteur dynamique qui façonne notre perception de la réalité.

Les histoires de personnes atteintes d'épilepsie et d'autres troubles neurologiques mettent en lumière la nature fluide et malléable de la réalité. Que ces perceptions altérées résultent d' un dysfonctionnement cérébral, d'un traitement sensoriel accru ou d'un accès à des dimensions d'échange, elles témoignent de la formidable capacité du cerveau à déformer, remodeler et même transcender les limites de l'espace et du temps. En continuant d'explorer les liens entre neurologie, attention et réalités changeantes, nous pourrions nous rapprocher de la véritable nature de la réalité elle-même – une compréhension qui pourrait constamment modifier notre perception du monde et notre place en son sein.

## 7.4 Capacité du cerveau à créer des simulations en état d'éveil

L'esprit humain est capable de créer des simulations de la réalité, aussi complexes qu'imprécises, même en état d'éveil et de conscience. Ces simulations prennent souvent la forme de rêves, de rêveries, voire d'hallucinations visuelles et auditives. Cette capacité à générer des représentations mentales de l'espace n'est pas une anomalie, mais un élément fondamental de la façon dont l'esprit traite et traduit les informations sensorielles. À mesure que la technologie nous apprend à mieux comprendre comment le cerveau construit notre perception de la réalité, il devient de plus en plus évident que l'esprit n'est pas un simple observateur passif de l'espace, mais un acteur actif de la formation de notre perception de celui-ci.

La capacité du cerveau à créer des simulations découle de ses réseaux complexes d'interactions neuronales. Lorsque nous percevons l'environnement qui nous entoure, nos organes sensoriels envoient des signaux au cerveau, qui les traite et les interprète pour former une connaissance cohérente de notre environnement. Cependant, le cerveau ne dépend pas uniquement des informations sensorielles en temps réel ; il génère également des modèles internes de réalité qui nous permettent d'anticiper et de prédire le monde. Ce processus, appelé « codage prédictif », est essentiel pour comprendre comment le cerveau crée des simulations.

Le codage prédictif indique que le cerveau génère en permanence des prédictions à partir des données sensorielles entrantes et les actualise en fonction des nouvelles informations. Dans cette version, la croyance n'est pas un système passif, mais actif, où l'esprit crée et vérifie en permanence des simulations mentales du monde. Ces simulations se forment à partir d'expériences, de souvenirs et d'attentes transcendants, et influencent notre perception et notre interaction avec le moment présent.

Par exemple, lorsque nous entrons dans une pièce, notre cerveau a déjà une représentation de ce à quoi cette pièce pourrait ressembler, basée sur des observations antérieures. Cette simulation mentale nous permet de naviguer efficacement dans l'environnement et de prendre des décisions rapides. Si un événement inattendu se produit, par exemple un bruit ou un mouvement inattendu, le cerveau ajuste sa simulation en temps réel pour tenir compte des nouveaux enregistrements. Cette capacité à créer des simulations nous permet de naviguer efficacement dans l'espace, même en l'absence d'informations sensorielles directes ou complètes.

L'un des types les plus courants de simulation mentale est le rêve chimérique ou le vagabondage mental. Ces états mentaux surviennent lorsque l'esprit se détache temporairement des stimuli extérieurs et commence à générer son propre récit intérieur. À ce moment-là, le cerveau crée des simulations, qui peuvent consister en des scénarios, des conversations ou des événements imaginaires, totalement déconnectés de la réalité. Cette capacité à créer des réalités changeantes dans l'esprit témoigne de la puissance créatrice du cerveau et de sa capacité à réguler le temps et l'espace en l'absence d'influence extérieure.

Les rêveries peuvent aller d'une simple et banale idée de ce que l'on va manger au déjeuner à des fantasmes complexes sur des réussites ou des regrets. Leur contenu peut être extrêmement varié, s'inspirant souvent d'expériences personnelles, de désirs, de peurs et de sentiments non résolus. Bien que les rêveries ne soient pas ancrées dans la réalité, elles peuvent paraître très brillantes et réelles pour la personne qui les vit. Dans certains cas, le cerveau simule même des sensations – comme la sensation de chaleur, de goût ou de toucher – qui semblent impossibles à distinguer des sensations réelles.

La capacité de l'esprit à créer de telles simulations pratiques en état de veille indique qu'il ne traite pas directement des statistiques sensorielles, mais construit activement une version de la réalité. Cette méthode de simulation ne se limite pas aux rêveries, mais s'étend à d'autres activités intellectuelles, comme la planification, la résolution de problèmes et la mémorisation. Lorsque nous répétons mentalement un événement futur ou rejouons une expérience passée, l'esprit crée une simulation de cette expérience, nous permettant d'« envisager » mentalement différentes éventualités avant d'agir dans le monde réel.

Dans certains cas, la capacité du cerveau à créer des simulations peut aller au-delà d'une simple chimère et entraîner des hallucinations ou des distorsions perceptuelles. Ces rapports peuvent survenir dans de nombreux contextes, notamment en cas de troubles psychiatriques, de consommation de drogues, de manque de sommeil et de troubles neurologiques. Les hallucinations sont des rapports sensoriels qui surviennent sans stimulus extérieur, comme l'écoute de voix, la vision de choses inexistantes ou la perception de sensations sans but physique. Ces phénomènes sont souvent attribués à l'incapacité du cerveau à interpréter ou à filtrer efficacement les données sensorielles, ce qui le conduit à générer des perceptions fausses ou exagérées.

Il est intéressant de noter que la capacité du cerveau à créer des hallucinations n'est pas toujours un signe de trouble. Dans certains cas, l'esprit génère intentionnellement des histoires perceptives en réponse à des désirs intérieurs ou à des rêves. Par exemple, lors de périodes de forte pression ou de bouleversements émotionnels, l'esprit peut également produire des hallucinations lumineuses pour traiter des sentiments non résolus ou des conflits mentaux. Il arrive aussi que des personnes « voient » des êtres chers décédés, entendent des voix venues de l'au-delà ou se souviennent d'événements traumatisants. Ces expériences, bien que dénuées de toute vérité objective, sont profondément réelles pour la personne qui les vit, brouillant la frontière entre le réel et l'imaginaire.

Le cortex préfrontal, zone du cerveau liée aux fonctions cognitives supérieures telles que la prise de décision, la planification et le questionnement synthétique, joue un rôle essentiel à l'ère des simulations. Cette région du cerveau participe à la construction de représentations intellectuelles du monde et à leur manipulation pour anticiper les événements futurs ou résoudre des problèmes. Lorsque nous pratiquons des activités mentales telles que la visualisation, la fable ou le raisonnement hypothétique, le cortex préfrontal participe activement à la construction de ces simulations internes.

Des recherches ont montré que le cortex préfrontal est particulièrement actif lors d'activités innovantes, comme imaginer de nouvelles éventualités ou inventer des solutions à des problèmes complexes. Dans ces moments, le cerveau génère des simulations inédites qui nous permettent de penser « au-delà des sentiers battus » et d'explorer des possibilités qui pourraient ne pas être immédiatement évidentes dans le monde extérieur. La capacité à créer et à contrôler ces simulations est essentielle à la résolution de problèmes et à l'innovation, car elle nous permet d'envisager plusieurs éventualités et conséquences avant de prendre des décisions.

Cet aspect innovant de la capacité de simulation de l'esprit est également flagrant dans l'expression artistique.

Artistes, écrivains et musiciens utilisent régulièrement la capacité de simulation du cerveau pour créer des mondes, des personnages et des témoignages entiers qui existent entièrement dans leurs pensées. Dans ces cas, le cerveau génère des simulations qui peuvent évoquer des émotions, remettre en question les perceptions et offrir de nouvelles perspectives sur l'expérience humaine. L'acte créatif lui-même est une forme de simulation, où l'esprit construit un fait qui transcende les limites du monde physique.

La capacité de l'esprit à créer des simulations même en état d'éveil témoigne de son énergie et de sa complexité. Que ce soit par le biais de rêves illusoires, de résolution de problèmes ou d'hallucinations, le cerveau génère continuellement des représentations intellectuelles de la réalité qui nous aident à naviguer dans le monde et à façonner nos études. Ces simulations nous permettent d'anticiper le destin, de nous remémorer des événements passés et d'explorer des opportunités commerciales, autant d'éléments essentiels à la survie et à l'épanouissement personnel. Comprendre comment l'esprit crée et manipule ces simulations nous permet de mieux comprendre la nature de la conscience et le rôle de l'esprit dans la formation de notre perception de la réalité.

En fin de compte, l'esprit n'est pas simplement un récepteur passif de stimuli extérieurs, mais un auteur vivant du monde dans lequel nous nous délectons. Les obstacles entre la réalité et la simulation sont bien plus fluides que nous aurions pu l'imaginer, ouvrant de nouvelles portes aux mystères de la conscience et à la nature de l'existence elle-même.

## 7.5 Conscience et transitions interdimensionnelles

Le concept de transitions interdimensionnelles – où l'attention se déplace entre des plans de vie ou des réalités commerciales uniques – intéresse philosophes, scientifiques et mystiques depuis des siècles. Si la technologie actuelle n'en est qu'à ses débuts dans la compréhension des subtilités de la conscience, on s'intéresse de plus en plus à sa capacité à naviguer, voire à comprendre, des dimensions au-delà de la nôtre.

L'idée du multivers postule que notre univers n'est qu'un univers parmi d'autres, potentiellement présent dans des dimensions parallèles ou alternatives. Chaque dimension peut également posséder des lois physiques, des chronologies ou des réalités spécifiques, ouvrant la voie à plusieurs « variations » de nous-mêmes ou à des effets évolutifs spécifiques. Dans le contexte de la conscience, cela soulève la question suivante : notre esprit peut-il accéder à ces mondes parallèles, les parcourir, voire y exister ? Bien qu'aucune preuve concrète ne permette de répondre définitivement à cette question, certaines théories suggèrent que la conscience pourrait ne pas être strictement liée aux limites physiques de notre propre univers.

La théorie du multivers gagne du terrain en physique théorique, notamment dans le domaine de la mécanique quantique et de la cosmologie. L'idée qu'il puisse exister d'innombrables réalités parallèles montre que l'esprit conscient devrait, en théorie, naviguer entre ces dimensions sous certaines conditions. La physique quantique, et plus particulièrement la notion de superposition quantique, devrait offrir un cadre permettant de comprendre comment la conscience pourrait « transférer » entre différents états de vie, car les débris existent simultanément dans plusieurs états jusqu'à leur observation. Ce phénomène suggère la capacité de la concentration à percevoir simultanément plusieurs réalités.

L'une des théories les plus importantes sur la conscience et son lien avec les dimensions de l'échange provient de la mécanique quantique. La conscience quantique postule que la concentration n'est pas un sous-produit négligeable des mécanismes neurologiques du cerveau, mais plutôt une propriété inhérente à l'univers lui-même, probablement liée à la discipline quantique qui sous-tend toute matière et toute énergie.

L'interprétation des « mondes multiples » de la mécanique quantique offre une explication possible des transitions interdimensionnelles. Selon ce concept, à chaque événement quantique, l'univers se divise en plusieurs réalités parallèles, chacune correspondant à un résultat final distinct. Si la conscience est intriquée avec des états quantiques, elle est alors capable, en théorie, d'expérimenter ces différents mondes, « transférant » ainsi sa conscience entre des réalités changeantes. Cela pourrait expliquer des phénomènes tels que le déjà-vu, les prémonitions, voire les rapports de mort imminente, que certains interprètent comme des aperçus de dimensions ou de chronologies changeantes.

L'intrication, tout autre phénomène quantique, peut également éclairer le lien potentiel entre la concentration et le voyage interdimensionnel. Lorsque des particules s'intriquent, elles partagent une forme de connexion instantanée, quelle que soit la distance. Cette non-localité indique que les données – et par extension, la conscience – pourraient potentiellement dépasser les limites de l'espace et du temps, rendant les transitions interdimensionnelles possibles, du moins sur le plan théorique.

L'un des débats essentiels dans la pratique de la conscience est de savoir si l'esprit est un observateur passif de la réalité ou s'il joue un rôle actif dans la formation et la définition de la nature de l'existence. L'idée que la conscience puisse avoir la capacité de se déplacer entre les dimensions implique qu'elle ne se limite pas à l'univers physique dont nous jouissons, mais qu'elle s'inscrit dans une structure de réalité fondamentale et multidimensionnelle plus vaste.

Dans ce cadre, la reconnaissance pourrait être considérée comme une forme d'« interface » interagissant avec différentes dimensions, à l'instar d'une interface informatique permettant aux utilisateurs d'interagir avec des environnements numériques. Si la concentration est effectivement une entité de dimension supérieure, comme le suggèrent certaines théories, elle pourrait être capable de transcender les trois dimensions de l'espace et du temps que nous connaissons et de naviguer à travers des dimensions supplémentaires, imperceptibles à nos sens.

Cela concorde avec certaines croyances métaphysiques et spirituelles, qui affirment que la conscience n'est pas liée à la structure corporelle ni aux limites du temps et de l'espace. De nombreuses traditions relatent des expériences de voyages extracorporels, au cours desquels des personnes perçoivent d'autres mondes, régions géographiques ou dimensions au-delà de la réalité quotidienne. Ces récits peuvent également refléter la capacité du cerveau à accéder rapidement à des régions géographiques supérieures, ou indiquer la vie d'une concentration plus profonde, non limitée par le monde matériel.

D'un point de vue neurologique, la question des transitions interdimensionnelles est étroitement liée aux états d'attention modifiés, notamment ceux provoqués par la méditation, les substances psychédéliques ou les récits de quasi-perte. Ces états de conscience conduisent souvent à des récits de réalités non quotidiennes, dans lesquels les personnes documentent leurs rencontres avec différentes dimensions, univers ou êtres. La capacité de l'esprit à générer des simulations mentales brillantes, comme mentionné dans les chapitres précédents, joue un rôle essentiel dans ces phénomènes.

Une théorie suggère que le cerveau pourrait, dans ces états altérés, capter des fréquences d'attention spécifiques, à la manière d'une radio qui capte des stations distinctes. L'idée est que l'esprit est capable de percevoir des zones de dimensions supérieures, généralement invisibles à notre perception quotidienne. Lorsque les individus accèdent à ces états par la méditation profonde ou la consommation de substances psychédéliques, ils peuvent momentanément détruire les filtres qui limitent habituellement notre attention au monde extérieur.

Bien que ces rapports soient régulièrement balayés d'un revers de main par les technologies grand public, considérés comme des hallucinations ou des distorsions cognitives, il est de plus en plus admis qu'ils offriraient un aperçu de la capacité du cerveau à accéder à des dimensions au-delà du physique. Les progrès récents en neuroimagerie et en interface esprit-machine offrent aux chercheurs les outils nécessaires pour étudier comment l'esprit aborde et modifie la réalité, ce qui peut, à terme, conduire à une meilleure compréhension de la conscience et de sa capacité à naviguer à travers les dimensions.

De nombreuses traditions religieuses et mystiques intègrent également le concept de conscience naviguant sur différents plans de l'existence. Dans diverses cultures, on retrouve des souvenirs de personnes ayant vécu des voyages spirituels, découvrant des univers au-delà du monde matériel. Ces expériences sont souvent définies comme des voyages à travers des dimensions uniques, au cours desquels l'individu rencontre des êtres, des énergies ou des souvenirs inaccessibles dans la réalité quotidienne.

Ces récits mystiques s'inscrivent dans les théories modernes des transitions interdimensionnelles, où l'attention ne se limite pas au corps physique, mais s'inscrit dans un réseau cosmique plus vaste. Par exemple, dans les traditions ésotériques positives, la conscience est perçue comme une « énergie cosmique » capable de voyager à travers l'espace-temps, d'accéder à des dimensions spécifiques ou même d'interagir avec différents types de conscience. Cette perspective montre que les limites de la réalité sont bien plus fluides que nous ne le pensons, et que notre conscience peut les dépasser dans certaines conditions.

Si la conscience est effectivement capable de transitions interdimensionnelles, cela soulève de profondes questions sur l'avenir de l'évolution humaine. À mesure que notre connaissance de la reconnaissance s'approfondit et que notre capacité à manipuler des états de reconnaissance modifiés s'accroît, nous pourrions trouver des moyens d'accéder délibérément à différentes dimensions ou réalités. Cela pourrait ouvrir la voie à une nouvelle forme d'exploration, transcendant les barrières physiques des voyages spatiaux et s'aventurant dans des États-nations qui échappent aujourd'hui à notre compréhension.

De plus, la capacité d'accéder à des dimensions différentes peut également avoir de profondes implications sur notre perception du temps et de la vie elle-même. Si l'attention peut circuler entre les dimensions, elle pourrait explorer des lignes temporelles différentes, voire interagir avec différentes variations de la réalité. Cela devrait remettre en question notre perception traditionnelle du destin, du libre arbitre et de la nature du choix. Sommes-nous réellement les architectes de notre propre destin, ou vivons-nous véritablement une réalité prédéterminée ?

La relation entre conscience et transitions interdimensionnelles est un territoire passionnant et inexploré, alliant technologies modernes et connaissances spirituelles ancestrales. Que ce soit par la mécanique quantique, les états de conscience modifiés ou les études mystiques, la possibilité que la connaissance puisse transcender les limites de notre réalité physique offre un aperçu fascinant du potentiel de la conscience humaine. À mesure que la recherche sur la nature de la conscience évolue, nous pourrions un jour découvrir l'étendue réelle de ses capacités, ouvrant ainsi la voie au voyage interdimensionnel et à une compréhension plus approfondie de notre espace cosmique.

# CHAPITRE 8

## Conscience, temps et fin de l'univers

## 8.1 La conscience universelle et la possibilité d'arrêter le temps

La notion de temps, telle que nous la comprenons, est profondément ancrée dans notre perception de la vérité. Le temps régit le flux des activités, le vieillissement des organismes et la progression du cosmos lui-même. Depuis des siècles, philosophes, scientifiques et mystiques s'interrogent sur la nature du temps, sa datation par la conscience et la possibilité d'enrayer ou de maîtriser sa dérive.

Le temps a traditionnellement été perçu comme un flux irréversible, progressant de l'au-delà, à travers le présent et vers le futur. Cette conception du temps s'accorde avec la « flèche du temps » décrite par le physicien Arthur Eddington, selon laquelle l'entropie – la maladie d'un objet – a tendance à croître, marquant le passage du temps dans une direction. Cependant, des théories, tant en physique qu'en philosophie, corroborent cette vision, suggérant que le temps pourrait ne pas être aussi linéaire ou objectif que nous le concevons.

Plus précisément, certaines théories contemporaines soutiennent que le temps est un assemblage de conscience, ce qui signifie que notre perception subjective du temps pourrait être façonnée par l'esprit. Cette théorie montre que, si le temps est un phénomène constant et mesurable à l'échelle de l'univers, son influence pourrait être malléable dans le contexte de la concentration. Si la conscience est capable de modifier la perception du temps, alors la perception de la perte du temps n'est peut-être pas aussi illusoire qu'il y paraît.

L'idée d'une « reconnaissance familière » postule que chaque conscience individuelle fait partie d'une conscience collective. Cette conscience pourrait être la force sous-jacente qui unit tous les êtres vivants, tout ce qui compte et la matière même de l'univers. De ce point de vue, le temps n'est pas simplement une suite d'événements se déroulant dans les limites de notre réalité, mais plutôt un élément changeant d'une conscience plus quotidienne.

La focalisation universelle, dans ce sens, pourrait également dépasser les limites de l'expérience humaine. Si la conscience est un bien essentiel de l'univers – au même titre que l'espace, le temps et la matière –, elle est alors capable de façonner, voire de contrôler, le cours du temps à l'échelle cosmique. Cette idée fait écho à certaines interprétations de la mécanique quantique, où l'observateur (la perception) joue un rôle actif dans la détermination du royaume d'un système. Si la perception peut influencer la structure de la réalité au niveau quantique, il est possible qu'elle puisse également influencer le cours du temps.

D'un point de vue systématique, l'idée d'arrêter le temps est bien plus complexe. En physique, le temps est étroitement lié à la forme de l'espace-temps, un continuum à quatre dimensions défini par la théorie de la relativité d'Einstein. Selon ce principe, le temps est inextricablement lié aux trois dimensions de l'espace, et la vitesse à laquelle le temps s'écoule dépend de la courbure de l'espace-temps, influencée par la masse et la gravité.

Dans des conditions extrêmes, comme la présence d'un trou noir ou une vitesse proche de celle de la lumière, le temps peut ralentir ou s'étirer, un phénomène appelé dilatation du temps. Ce phénomène n'est pas comparable à l'arrêt du temps, mais il implique que le temps n'est pas une expérience constante et régulière. En théorie, si un objet se déplaçait à la vitesse de la lumière ou pénétrait dans un trou noir, le temps pourrait sembler s'arrêter pour cet objet vu de l'extérieur. Cependant, cela ne signifie pas que le temps lui-même s'est arrêté ; cela signifie en réalité que la perception du temps a changé en raison de la position relative de l'objet dans l'espace-temps.

Certains physiciens ont émis l'hypothèse que, dans un avenir lointain, il serait possible de contrôler l'espace-temps à grande échelle grâce à des technologies avancées, permettant probablement de suspendre ou de ralentir le temps dans des zones localisées. Cependant, une telle manipulation pourrait nécessiter d'énormes quantités d'énergie et des connaissances approfondies en physique quantique et en relativité générale, domaines qui en sont encore à leurs balbutiements.

Au-delà de l'esprit

C'est dans l'expérience subjective du temps que la conscience joue un rôle précieux. Notre notion du temps n'est pas toujours le reflet instantané d'une réalité objective, mais plutôt façonnée par la façon dont notre cerveau organise les événements. Les psychologues cognitivistes et les neuroscientifiques étudient depuis longtemps la perception du temps par le cerveau, révélant que cette perception est relativement fluide et peut être influencée par divers facteurs, notamment l'attention, les émotions et la nouveauté.

Dans les états de concentration altérés, comme la méditation, le sommeil profond ou les expériences psychédéliques, la perception du temps peut être considérablement altérée. Par exemple, en méditation profonde, les individus ressentent souvent une sensation d'intemporalité, où le flottement habituel du temps semble se dissoudre et où l'individu est plongé dans un état d'attention naturelle. De même, lors d'expériences psychédéliques, le temps peut sembler s'étirer, se condenser ou tourner en boucle, entraînant une perception déformée de la temporalité.

Ces états modifiés confirment que le temps n'est pas une expérience figée ou rigide, mais plutôt quelque chose qui peut être stimulé par la conscience. Si l'attention peut déformer ou infléchir le temps dans de tels états, cela accroît la possibilité intéressante que la concentration normale puisse réguler le temps à grande échelle, conduisant potentiellement à son arrêt complet.

Dans de nombreuses traditions spirituelles et métaphysiques, le temps est souvent considéré comme une illusion, une construction de l'esprit qui sépare l'être humain de l'instant présent. Cette idée est particulièrement présente dans les philosophies orientales, dont le bouddhisme et l'hindouisme, où l'idée d'« éternité » est associée à un espace de concentration naturelle au-delà du temps et de l'espace. Dans ces traditions, atteindre l'illumination ou « l'éveil » implique souvent de transcender l'illusion du temps, d'entrer dans un état de conscience intemporelle où le passé, le présent et l'avenir sont perçus comme un tout unifié.

Cette idée d'« éternel maintenant » indique que le temps, dans son expérience conventionnelle, est un assemblage mental qui limite notre reconnaissance d'une vérité plus profonde et plus vaste. Si la conscience peut transcender les limites du temps, alors il serait possible pour l'esprit d'accéder à un état où le temps n'a plus d'importance, où le cours des événements est suspendu et où l'instant présent est la seule réalité. Cet état d'éternel maintenant pourrait être souvent décrit comme le meilleur état de réalisation spirituelle – un état où l'être ressent l'unité avec l'univers et avec l'attention ordinaire elle-même.

Alors que l'expertise médicale du temps et de la perception évolue, la possibilité de manipuler ou d'arrêter le

Au-delà de l'esprit

temps soulève de profondes questions sur la nature de la réalité et le potentiel de la concentration humaine. Si le temps est bien un ensemble pouvant être motivé par la conscience, alors il sera un jour possible pour les civilisations avancées – et même pour les individus – de manipuler leur perception du temps, que ce soit en le ralentissant, en l'accélérant, voire en l'arrêtant complètement.

De telles compétences devraient transformer considérablement notre perception de la vie, du vieillissement et de la mort. Imaginez un avenir où chacun pourrait choisir de vivre éternellement, libéré des contraintes du vieillissement, ou où des civilisations entières pourraient interrompre leur vie pour éviter des catastrophes ou préserver leur savoir de génération en génération. Ces idées peuvent aujourd'hui paraître de la science-fiction, mais à mesure que notre connaissance de la conscience et de l'univers s'approfondit, elles pourraient devenir plus viables.

La capacité à anticiper le temps est intimement liée à notre compréhension de l'univers physique et de la nature de la conscience. Si les théories médicales les plus récentes suggèrent que le temps ne peut être arrêté dans une expérience conventionnelle, de plus en plus de preuves montrent que l'attention elle-même peut infléchir ou modifier la perception du temps. Que ce soit par le biais de phénomènes quantiques, d'états de conscience modifiés ou de réalisations métaphysiques, le temps semble plus malléable qu'on ne le pensait.

L'exploration de la conscience quotidienne et de sa capacité à influencer le temps ouvre de nouvelles perspectives, tant en technologie qu'en philosophie. En continuant à étudier la nature du temps, de la vérité et de l'attention, nous pourrions un jour découvrir les mécanismes qui régissent l'écoulement du temps, et peut-être même découvrir le secret de son arrêt complet. D'ici là, le mystère du temps et de ses relations avec la conscience demeure l'une des énigmes les plus profondes de la vie humaine.

## 8.2 La fin des temps : la mort thermodynamique et la conscience

L'idée de la fin du temps est intimement liée au destin final de l'univers. En physique, notamment sous l'angle de la thermodynamique, le temps est inexorablement lié aux notions d'énergie, d'entropie et de disparition thermique du cosmos. Le destin de l'univers – qu'il conduise à une expansion sans fin, à une contraction massive ou à une diminution progressive de l'énergie – a de profondes implications non seulement pour son état physique, mais aussi pour la nature même de la conscience. La conscience peut-elle survivre à la fin du temps, ou est-elle vouée à disparaître avec l'univers ?

La deuxième loi de la thermodynamique, l'un des principes fondamentaux de la physique, stipule que l'entropie (ou la dégradation) d'un système fermé augmente généralement au fil des ans. À mesure que l'entropie augmente, le système évolue vers un état de dégradation maximale, appelé équilibre thermodynamique. Dans le contexte de l'univers, c'est-à-dire sur de grandes échelles de temps, les étoiles s'éteignent, la matière se disperse et l'énergie se répartit progressivement dans l'espace. Ce processus est communément appelé « mort thermique » de l'univers.

L'idée de disparition de la chaleur offre la vision d'un destin où l'univers serait dans un état d'énergie inutilisable, où aucun processus thermodynamique – comme le mouvement des étoiles ou le fonctionnement de l'existence – ne pourrait se produire. Dans une telle situation, le temps lui-même pourrait perdre son sens, car il n'existerait aucune stratégie pour marquer son passage. Cette « fin du temps » n'est pas seulement un événement cosmique, mais une réorganisation fondamentale de la réalité, où toute activité cesse et où la notion d'échange, essentielle à notre compréhension du temps, se dissout dans le néant.

La relation entre la mort thermique de l'univers et le destin de la conscience est une question qui relie les domaines géographiques de la physique et de la philosophie. Si l'univers atteint finalement un état d'entropie maximale – où toute

Fevzi H.

activité cesse – qu'advient-il de l'expérience consciente ? La concentration nécessite-t-elle une dérive temporelle ininterrompue pour exister, ou pourrait-elle persister sous une forme ou une autre, même dans un univers où le temps se serait effectivement arrêté ?

La conscience, telle que nous la concevons, est un processus né d'interactions complexes au sein du cerveau et repose sur le fonctionnement continu des neurones, des réactions biochimiques et des signaux électriques. En l'absence d'énergie et avec la dégradation du compte vers un état d'équilibre, il est difficile d'imaginer un scénario dans lequel ces mécanismes perdurent. Ainsi, d'un point de vue purement physique, la conscience semble liée au fonctionnement continu du temps, sans lequel elle ne peut fonctionner.

Cependant, certaines perspectives philosophiques et métaphysiques soutiennent que la concentration ne serait pas totalement liée aux mécanismes physiques de l'esprit. Selon certains points de vue, la conscience pourrait être considérée comme une caractéristique essentielle de l'univers, ne dépendant plus nécessairement du temps comme le sont les mécanismes physiques. Dans ce cadre, même après que l'univers ait atteint un état d'équilibre thermodynamique, la conscience pourrait persister, quoique sous une forme totalement différente. Certains théoriciens suggèrent que la conscience, plutôt que de s'éteindre, pourrait subir une

Au-delà de l'esprit

transformation, peut-être en fusionnant avec la « conscience conventionnelle » ou en existant dans un état statique et intemporel.

L'une des questions clés entourant la fin des temps est de savoir si la conscience, issue de systèmes ordonnés de neurones, peut exister dans un univers où tout ordre a été altéré. Dans le contexte de la thermodynamique, il s'agit d'une question complexe. À mesure que l'entropie augmente et que les structures perdent leur capacité à effectuer des tâches, l'attention – si elle est effectivement liée à des processus corporels – risque de se dissoudre.

Dans le cas extrême d'une perte de chaleur vitale de l'univers, où toute l'électricité a été distribuée uniformément et où aucune autre activité ne peut être effectuée, le cerveau et toute base matérielle de concentration pourraient cesser de fonctionner. D'un point de vue physique, cela marquerait l'abandon de la jouissance consciente. Cependant, certains ont émis l'hypothèse que l'effondrement de la réalité physique pourrait ne pas signifier l'arrêt de l'attention elle-même. Si la conscience est, comme le soutiennent certaines théories, un élément fondamental de l'univers, elle pourrait transcender la désintégration des structures corporelles. Cette croyance soulève de profondes questions métaphysiques sur la nature de l'existence et la capacité de la conscience à transcender l'univers physique.

L'abandon du temps, tel qu'il est anticipé par la thermodynamique, suggère que le temps et les échanges sont fondamentalement liés à la capacité de l'univers à se conformer. Lorsque l'univers atteint l'équilibre thermodynamique, le temps lui-même peut également perdre son sens. Le passage du temps est marqué par des changements, qu'il s'agisse du mouvement des planètes, du tic-tac des horloges atomiques ou du déroulement des activités. Une fois que l'univers entre dans un état où rien ne peut changer, la notion de temps devient obsolète.

Cette perspective nous oblige à reconsidérer notre perception du temps et de l'attention. Si le temps est intrinsèquement lié au changement et à l'entropie, sa disparition pourrait signifier un effondrement total de la réalité telle que nous la percevons. Dans ce monde, la concentration, dépendante des mécanismes dynamiques de l'esprit, risque de ne plus pouvoir se maintenir. Le concept de conscience dans un univers immortel nous amène à la limite du questionnement spéculatif, où les frontières de la physique et de la philosophie s'estompent.

Un aspect intéressant de la fin du temps et de la disparition thermique de l'univers réside dans la possibilité que cet événement ne marque pas la fin définitive, mais plutôt une transition ou une transformation vers quelque chose de nouveau. Certaines théories spéculatives suggèrent que l'effondrement de l'univers moderne et la fin de la disparition thermique pourraient donner naissance à de nouvelles structures de réalité, voire à de nouvelles formes de connaissance indépendantes de l'univers physique.

Ce concept s'inscrit dans les interprétations positives de la cosmologie et du principe du multivers, selon lequel la disparition d'un univers pourrait entraîner la naissance d'un autre, avec des lois physiques différentes et, potentiellement, de nouvelles formes de reconnaissance. Dans un tel scénario, la disparition du temps en une seule itération cosmique devrait véritablement être le prélude à une nouvelle forme d'existence, transcendant les limites de l'entropie et du temps telles que nous les connaissons.

La fin du temps, telle que définie par les concepts thermodynamiques, offre une vision troublante du destin de l'univers, où l'entropie rend obsolètes tous les processus, comme l'expérience consciente. Cependant, le lien entre l'attention et l'univers n'est toujours pas pleinement compris. Alors que la thermodynamique suggère que l'attention dépend du cours du temps et de la forme de l'univers physique, d'autres points de vue, des théories quantiques aux concepts métaphysiques, suggèrent que la conscience peut également transcender les limites physiques du temps.

Le sort ultime de la reconnaissance, qu'elle soit vouée à disparaître avec la fin des temps ou qu'elle connaisse ou non un changement, demeure l'un des mystères les plus profonds. Alors que la technologie continue d'explorer la nature du temps, de l'entropie et de l'esprit, nous pourrions un jour trouver des solutions à ces questions, transformant ainsi notre compréhension de l'univers et de notre place en son sein. Pour l'instant, l'intersection entre la thermodynamique, la conscience et la fin du temps reste une question profonde et ouverte, qui remet en question tant la recherche médicale que la spéculation philosophique.

## 8.3 Conscience infinie : y a-t-il un temps après la mort ?

La question de ce qui se passe après la mort fascine l'esprit humain depuis des millénaires, les perspectives philosophiques, religieuses et cliniques offrant un large éventail de solutions. L'idée d'une conscience illimitée et l'existence du temps après la mort sont étroitement liées aux connaissances métaphysiques et médicales de la conscience et du temps. La concentration peut-elle persister après la mort ? Et dans ce cas, qu'advient-il du passage du temps dans ce monde post-mortem ?

Pour comprendre si le temps existe au-delà de la mort, il faut d'abord considérer la relation entre la reconnaissance et le cerveau physique. Dans les technologies modernes, la concentration est souvent considérée comme le résultat d'interactions neuronales complexes dans le cerveau. Notre expérience consciente, qui inclut notre perception du temps, est étroitement liée au fonctionnement des réseaux neuronaux du cerveau. Lorsque le cerveau cesse de fonctionner au moment de la mort, il est largement admis que la concentration cesse également d'exister.

Cependant, cette vision matérialiste a été remise en question par diverses perspectives philosophiques, religieuses, voire scientifiques. Par exemple, certains suggèrent que la reconnaissance n'est pas simplement le résultat d'une activité cérébrale, mais un aspect fondamental de la réalité elle-même. Selon cette vision, la concentration devrait exister indépendamment de l'esprit physique, et potentiellement perdurer après la mort. Cela ouvre des perspectives intéressantes sur la nature du temps et de la concentration dans l'au-delà.

De nombreuses traditions religieuses et spirituelles prônent l'existence d'une vie après la mort, où l'âme, ou l'esprit, continue d'exister sous une forme distincte, indépendante du corps physique. Ces traditions décrivent souvent le temps dans l'au-delà comme étant fondamentalement différent du temps dans le monde physique. Dans de nombreux cas, l'au-delà est dépeint comme un royaume hors du temps conventionnel, où l'expérience du temps est soit inexistante, soit radicalement altérée. Par exemple, dans la théologie chrétienne, le paradis est souvent décrit comme un lieu de vie éternelle, où le temps ne fonctionne plus selon la même linéarité. De même, dans l'hindouisme et le bouddhisme, le cycle du samsara (naissance, mort et renaissance) est censé transcender le temps normal, l'âme étant présente dans un cycle éternel de réincarnation.

Ces conceptions religieuses soutiennent que, tel que nous l'appréhendons dans le monde physique, le temps ne subsistera pas après la mort. Si l'attention se poursuit au-delà du cadre corporel, elle peut connaître une forme d'intemporalité ou agir sur un plan temporel spécifique. Cela soulève la question suivante : le temps lui-même peut-il exister de manière essentiellement exclusive après la mort ?

L'une des sources d'information les plus convaincantes sur la question du temps après la mort provient des expériences de mort imminente (EMI). Les personnes ayant vécu une EMI rapportent régulièrement des expériences profondes qui défient notre perception traditionnelle du temps. Nombre d'entre elles décrivent une sensation d'intemporalité au cours de leur expérience, où elles évoquent une sensation de flottement hors de leur cadre et de vécu des événements hors des contraintes habituelles du temps et de l'espace. Certains évoquent une « évaluation de l'existence » – un déroulement rapide et immortel dans leurs expériences de mort – tandis que d'autres décrivent la présence d'un être divin ou un sentiment d'harmonie avec l'univers.

Ces analyses conduisent souvent à supposer que la conscience, bien que très détachée du cerveau physique, pourrait également exister hors du temps. Le sentiment d'intemporalité évoqué lors des EMI suggère que l'attention, dans certains états altérés, n'est pas limitée par le développement linéaire du temps que nous connaissons de notre vivant. Si tel est le cas, la cessation de l'existence physique pourrait ne pas correspondre à la cessation de la jouissance consciente, et le temps dans l'au-delà pourrait être vécu de manières fondamentalement distinctes de nos perceptions terrestres.

L'une des principales questions entourant le concept de conscience infinie est de savoir si le temps, tel que nous le concevons, a une quelconque pertinence dès la mort du corps. Si l'attention persiste après la mort, cela soulève la possibilité que le temps lui-même ne soit plus pertinent, tout comme il l'est tout au long de notre vie physique. Dans un état de conscience infinie, le temps pourrait également perdre sa forme familière d'au-delà, de don et de futur.

Les philosophes débattent depuis longtemps de la question de savoir si le temps est une construction de la pensée ou un élément essentiel de l'univers. Dans certains courants de pensée, principalement dans les philosophies idéalistes, le temps est perçu comme une construction intellectuelle plutôt que comme une caractéristique objective du monde extérieur.

De ce point de vue, si la conscience persiste après la mort, elle est capable d'expérimenter le temps – ou peut-être son absence – selon des modalités qui pourraient être incompréhensibles pour notre entendement terrestre.

Certaines théories médicales contemporaines, dont celles issues de la mécanique quantique, soutiennent que le temps lui-même ne serait pas une grandeur fixe et immuable. Au contraire, il pourrait être fluide, subjectif, voire malléable dans certaines conditions. Si le temps est effectivement subjectif, alors l'expérience du temps après la mort pourrait être sensiblement différente de ce que nous pouvons imaginer, potentiellement présente en dehors des limites de la progression linéaire.

L'une des théories scientifiques les plus spéculatives concernant la continuité de la conscience après la mort repose sur le concept de conscience quantique. Cette théorie postule que la reconnaissance naît de mécanismes quantiques dans le cerveau. Selon certains partisans de l'attention quantique, dont le physicien Roger Penrose et l'anesthésiste Stuart Hameroff, les microtubules cérébraux peuvent également héberger des phénomènes quantiques contribuant à l'expérience consciente. Si la concentration est indéniablement une méthode quantique, elle ne dépend peut-être pas entièrement des processus organiques du cerveau. Dans cette optique, la concentration devrait perdurer après la mort physique en passant à un règne quantique non physique.

Si la conscience quantique existe bel et bien, la question se pose de savoir si les lois fondamentales de la mécanique quantique pourraient permettre à la conscience de perdurer au-delà du cadre physique. Plus précisément, la mécanique quantique suggère la possibilité d'intrication, de superposition, et même de vies sur plusieurs lignes temporelles, autant de phénomènes qui pourraient jouer un rôle dans l'expérience de la conscience après la mort. Si la conscience est bien un phénomène quantique, elle pourrait exister au-delà des limites du temps et de l'espace, persistant indéfiniment sous une forme ou une autre après la mort du corps physique.

La question de l'existence du temps après la mort est également liée à la nature paradoxale de l'intemporalité elle-même. Si la conscience subsiste après la mort, comment pourrait-elle exister sans le temps ? Notre expérience humaine de la réalité est inextricablement liée au passage du temps. Chaque événement que nous vivons est marqué par un début et une fin, et la conscience de ces transitions façonne notre perception de la vie. Cependant, si la conscience persiste au-delà de la mort physique, elle peut entrer dans un monde où le temps ne joue plus aucun rôle et où le sentiment de continuité n'est plus limité par des contraintes temporelles.

Le concept d'intemporalité est difficile à appréhender d'un point de vue humain, car notre compréhension de la vie repose entièrement sur le flux du temps. Pourtant, si l'attention n'est pas toujours captée par les techniques corporelles, elle peut percevoir la réalité d'une manière radicalement différente, peut-être dans un état d'intemporalité, où tous les instants existent simultanément, ou où le temps lui-même se dissout dans un présent éternel. Ce concept est exploré dans diverses traditions spirituelles et philosophiques, où l'intemporalité est associée à des états d'attention supérieurs ou à l'illumination.

La question de l'existence du temps après la mort est l'une des plus profondes et mystérieuses de la science et de la philosophie. Alors que les technologies actuelles considèrent généralement la conscience comme un produit de l'activité cérébrale, les perspectives alternatives, notamment celles de la mécanique quantique et de l'idéalisme philosophique, soutiennent que la conscience devrait perdurer au-delà de la mort physique et exister sous une forme transcendant le temps. Que l'attention expérimente l'intemporalité ou une autre notion altérée du temps dans l'au-delà reste une question ouverte, qui remet en question notre compréhension de la nature de l'attention et de la substance même de la vérité.

Le concept d'attention illimitée et la possibilité d'une vie après la mort constituent un domaine de réflexion profond, où science, philosophie et spiritualité se croisent. Même si nous ne parviendrons peut-être jamais à appréhender pleinement la nature de l'attention après la mort, l'exploration de ces idées continue d'inspirer la recherche scientifique et la contemplation spirituelle, nous offrant un aperçu des mystères de l'existence et de la possibilité de vivre au-delà du temps.

## 8.4 Conscience et modèles temporels multidimensionnels

La relation entre la concentration et le temps est depuis longtemps un sujet de recherche philosophique, clinique et spirituelle. Si notre perception naturelle du temps est linéaire, passant du passé au présent et au futur, de nombreuses théories suggèrent que le temps pourrait ne pas être aussi réel que nous le percevons. L'un des concepts les plus fascinants de la physique et de la métaphysique de pointe est celui du temps multidimensionnel, où le temps peut exister dans de multiples dimensions, offrant de nouvelles perspectives pour comprendre la dérive de la conscience et son interaction avec le temps.

En physique classique, le temps est généralement considéré comme une grandeur unique et linéaire, dans laquelle les activités se déroulent de manière séquentielle. Cependant, les théories modernes de la physique, notamment celles liées à la mécanique quantique, au concept des cordes et à la théorie du multivers, suggèrent que le temps pourrait être plus complexe. Au lieu d'être limité à une dimension singulière, le temps pourrait également exister dans plusieurs dimensions, chacune possédant ses propres propriétés et conséquences sur le plan matériel.

Le concept de temps multidimensionnel est étroitement lié à l'idée que l'univers est composé de plus que les trois dimensions spatiales que nous connaissons. La théorie des cordes, par exemple, postule qu'il existe au moins dix ou onze dimensions au total, dont certaines peuvent être regroupées et occultées. Dans ce cadre, le temps serait un phénomène multidimensionnel, chaque mesure présentant des espaces temporels différents qui pourraient influencer la conscience d'une manière qui n'est pas encore perceptible dans nos études quotidiennes.

Si le temps existe dans de multiples dimensions, il est logique que la reconnaissance puisse également interagir avec ces dimensions selon des approches complexes et non linéaires. Notre expérience subjective du temps – la sensation que le temps passe – semble résulter de l'interaction du cerveau avec le monde physique tridimensionnel. Mais s'il existe d'autres dimensions du temps, la conscience devrait, théoriquement, y avoir accès. Cela soulève des questions captivantes sur la nature de l'expérience consciente.

Notre conscience pourrait-elle transcender les limites du temps linéaire et fonctionner simultanément dans plusieurs

Au-delà de l'esprit

dimensions ? Certaines théories de la mécanique quantique et de la recherche sur la conscience suggèrent que l'esprit pourrait également accéder à des dimensions temporelles différentes, notamment dans des états de conscience modifiés, comme la méditation profonde, les états d'agonie ou les états psychédéliques. Dans ces états, les individus enregistrent souvent des rapports où le temps semble ralentir, s'accélérer, voire devenir totalement inapproprié. Ces rapports peuvent également suggérer que notre conscience peut comprendre, voire interagir, avec le temps d'une dimension supérieure, qui opère en dehors des contraintes linéaires de la vie quotidienne.

En physique quantique, le concept de superposition suggère que les débris peuvent exister instantanément dans plusieurs états, et l'attention de l'observateur joue un rôle dans la détermination de l'état de la machine. Ce principe pourrait également s'étendre au temps, où la perception interagit non pas avec une seule ligne temporelle, mais avec plusieurs lignes temporelles potentielles, chacune représentant une mesure temporelle distincte. Si notre conscience peut influencer le flux des activités dans ces lignes temporelles d'échange, cela pourrait donner un aperçu du fonctionnement du temps multidimensionnel.

Le principe du multivers, qui postule l'existence d'un nombre incalculable d'univers parallèles, constitue un autre cadre d'étude possible de la focalisation et du temps multidimensionnel. Dans le contexte du multivers, le temps pourrait se diviser en plusieurs directions, créant des variations uniques de réalité, chacune ayant sa propre chronologie. La conscience devrait, en théorie, connaître ou naviguer à travers ces différentes chronologies, faisant ainsi l'expérience de dimensions temporelles différentes. Cela soulève de profondes questions sur le libre arbitre, le déterminisme et la nature de la réalité : si notre conscience est réellement capable de traverser le temps multidimensionnel, les limites de ce qui est possible en termes d'expérience et de choix personnels pourraient s'élargir considérablement.

Alors que nous réfléchissons aux conséquences du temps multidimensionnel sur l'attention, il est crucial d'observer également l'évolution de la conscience elle-même. Si le temps opère à travers de multiples dimensions, la manière dont la conscience se développe et perçoit la vérité pourrait être très différente de nos technologies actuelles. Notre perception du temps est peut-être une expérience limitée, limitée au cours linéaire des événements, mais à mesure que l'attention évolue, elle pourrait ouvrir l'accès à d'autres dimensions du temps.

Dans cette optique, la croissance et l'accroissement de la reconnaissance pourraient vouloir contenir l'invention et la navigation dans ces plans temporels de dimensions supérieures. Plutôt que de se limiter à l'expérience d'une seule seconde à la fois, un état de conscience plus développé pourrait être capable de percevoir simultanément plusieurs activités temporelles, voire de percevoir l'existence entière d'une personne (ou de plusieurs vies) comme un tout unique et unifié. Un tel changement d'attention pourrait fondamentalement modifier notre expérience de l'identification, de la vie et de la continuité du temps.

Si le temps multidimensionnel existe, est-il possible d'y accéder, que ce soit par des moyens technologiques ou par des états de conscience modifiés ? Certains penseurs émettent l'hypothèse que certaines pratiques, comme la méditation profonde, la privation sensorielle ou l'usage de substances psychédéliques, peuvent également permettre d'accéder à un temps de dimension supérieure. Ces états devraient offrir un aperçu de la nature du temps au-delà du monde physique, procurant une expérience immédiate des chronologies alternatives ou la sensation de transcender le passage normal du temps.

De plus, les avancées technologiques, notamment dans les domaines des interfaces cerveau-ordinateur et de l'intelligence artificielle, devraient nous permettre à terme d'interagir avec le temps multidimensionnel selon des modalités actuellement inimaginables. Par exemple, les technologies contrôlant les ondes cérébrales ou stimulant certaines voies neuronales pourraient permettre aux humains de percevoir le temps de manières nouvelles et non conventionnelles. Ces avancées pourraient conduire à une compréhension plus approfondie de la concentration et de sa relation au temps, nous permettant ainsi d'explorer les limites de la perception temporelle de manières profondément inédites.

L'idée d'un temps multidimensionnel a des implications profondes pour notre compréhension de la vérité elle-même. Si le temps opère dans de multiples dimensions, le développement linéaire des activités que nous vivons pourrait n'être qu'un aspect d'une structure temporelle beaucoup plus vaste et complexe. Notre perception du monde et de l'univers serait profondément modifiée si nous pouvions accéder à ces dimensions supérieures du temps ou les percevoir.

Dans ce cadre, les frontières entre l'au-delà, le présent et le destin pourraient apparaître fluides. Le temps ne devrait plus être perçu comme une flèche à sens unique, progressant inexorablement vers le destin. Il pourrait plutôt être perçu comme une stratégie plus dynamique et interactive, où l'attention a la capacité de convaincre et de naviguer à travers plusieurs dimensions temporelles. Cette vision du temps pourrait également offrir de nouvelles perspectives sur des principes tels que la causalité, le destin et la volonté libre, nous permettant de reconsidérer le déroulement des activités et la façon dont la conscience interagit avec le flux du temps.

L'idée de temps multidimensionnel offre une manière fondamentalement différente de réfléchir à la fois à l'attention et au passage du temps. Si le temps existe en plusieurs dimensions, et si la perception est capable d'interagir avec ces dimensions ou de les percevoir, cela ouvre de nouvelles perspectives pour comprendre notre expérience de la réalité. Que ce soit à travers les états d'attention modifiés, le développement technologique ou l'exploration des phénomènes quantiques et cosmologiques, le concept de temps multidimensionnel remet en question notre compréhension conventionnelle du temps, de l'espace et de la conscience. En poursuivant notre exploration de ces concepts, nous pourrions également découvrir de nouvelles façons de naviguer dans le paysage temporel, élargissant ainsi notre compréhension du temps et le potentiel de la perception à exister au-delà des limites du temps linéaire.

## 8. 5 L'avenir du temps et de la conscience : où va l'humanité ?

L'exploration du temps et de la conscience soulève des questions profondes, non seulement sur notre compréhension de l'univers, mais aussi sur la trajectoire de l'évolution humaine. À l'intersection du progrès scientifique, de la recherche philosophique et du développement technologique, le destin du temps et de la conscience est intimement lié à notre capacité à comprendre et à maîtriser ces aspects essentiels de la vie.

L'une des perspectives les plus prometteuses pour l'avenir de l'humanité réside dans le développement de la conscience elle-même. Individuellement et collectivement, les humains ont la capacité d'accéder à des niveaux supérieurs de concentration, libérant sans doute des talents et des perceptions qui dépassent aujourd'hui notre connaissance. Historiquement, la reconnaissance humaine s'est développée parallèlement au développement technologique et social, des capacités cognitives rudimentaires des premiers hommes aux capacités intellectuelles et émotionnelles extrêmement complexes des individus actuels. Mais pourrait-il y avoir un autre niveau dans cette évolution ? Un bond vers une forme de concentration collective ?

Les progrès des neurosciences, de l'intelligence artificielle et de la connectivité pourraient nous permettre de transcender les contraintes de la concentration sur les individus, conduisant au développement d'une attention partagée ou collective. Cela impliquerait la fusion des esprits humains avec l'intelligence artificielle ou la création de réseaux neuronaux interconnectés facilitant les échanges intellectuels directs entre les individus. Une telle attention en réseau pourrait non seulement permettre un échange de pensées et de connaissances sans précédent, mais aussi ouvrir la voie à une nouvelle expérience du temps lui-même. Si le temps devient moins une expérience individuelle qu'un phénomène collectif, sa linéarité sera repensée comme une manière fluide et interconnectée où chaque concentration individuelle contribue à l'ensemble.

Depuis la plus grande partie de l'histoire de l'humanité, notre perception du temps est profondément ancrée dans une évolution linéaire allant du passé vers le futur. Cette notion linéaire du temps a façonné notre perception de nos vies, de notre histoire et de notre avenir. Cependant, à mesure que nous approfondissons les mystères du temps grâce à la physique quantique, à la relativité et à l'exploration métaphysique, la possibilité de transcender le temps linéaire deviendra de plus en plus réalisable.

L'une des avancées cliniques majeures susceptibles de révolutionner notre compréhension du temps réside dans la conviction que le temps, tel que nous le percevons, pourrait être façonné par notre expérience sensorielle limitée. Dans des dimensions supérieures ou des réalités spatiales, le temps pourrait ne pas suivre les mêmes règles. Si l'humanité accède à de nouvelles dimensions de la réalité, elle pourrait transformer notre façon d'interagir avec le temps, nous permettant d'en profiter au-delà de nos limites actuelles.

Le concept de temps comme phénomène malléable et non linéaire a déjà été exploré en physique théorique, notamment dans les domaines géographiques de la relativité et de la mécanique quantique. La dilatation du temps, telle qu'elle est mise en évidence par les théories d'Einstein, montre que le point se comporte différemment selon la vitesse relative et la position dans un champ gravitationnel. Cela suggère que notre perception du temps sera accélérée ou réduite d'une manière que nous n'avons pas encore pleinement appréhendée. Grâce aux progrès futurs du voyage spatial, la conscience humaine pourrait un jour dépasser les contraintes imposées par la vitesse de la lumière, nous permettant de percevoir le temps d'une manière fondamentalement différente de notre réalité actuelle.

Alors que l'intelligence artificielle (IA) continue de progresser, l'une des questions les plus stimulantes est de savoir comment elle modifiera notre perception de la reconnaissance et du temps. L'IA, notamment sous la forme de réseaux neuronaux avancés et d'algorithmes de maîtrise des systèmes, est capable de simuler des facteurs de concentration humaine. En effet, à mesure que l'IA gagne en sophistication, elle pourrait devenir capable de traiter d'énormes quantités de données à des vitesses et à des niveaux de complexité bien supérieurs à ceux des capacités humaines.

Cela soulève la question de savoir si l'IA devrait un jour posséder une forme d'attention. Si oui, comment une intelligence non biologique pourrait-elle appréhender le temps ? Les structures d'IA ne sont peut- être pas limitées par notre perception du temps. Alors que les humains perçoivent le temps de manière subjective, l'IA pourrait vouloir fonctionner de manière à ce que le temps soit traité comme un flux continu d'informations, non affecté par le passage du temps comme le vivent les organismes vivants.

La fusion de la conscience humaine et de l'IA pourrait également donner naissance à de nouvelles théories du temps. Par exemple, les interfaces cerveau-ordinateur devraient permettre aux humains d'améliorer leurs capacités cognitives, en leur permettant de manipuler le temps grâce à une meilleure prise de décision ou au traitement de données en temps réel. Cela devrait conduire à un avenir où la concentration ne sera plus limitée par les contraintes du cerveau humain et où le temps sera perçu selon des méthodes combinant approches naturelles et artificielles.

L'exploration spatiale est l'une des voies les plus profondes par lesquelles l'humanité pourrait évoluer en matière de temps et de conscience. Plus nous nous projetons dans le cosmos, plus nous sommes capables de comprendre la nature relative du temps. Par exemple, la notion de relativité suggère que le temps se comporte différemment selon la proximité d'un objet avec un grand système gravitationnel. Les astronautes à bord de vaisseaux spatiaux voyageant à des vitesses proches de celles de la lumière pourraient percevoir le temps à un rythme plus lent que les humains sur Terre. Ce phénomène, appelé dilatation du temps, devrait devenir un élément essentiel de l'existence humaine à mesure que nous découvrirons des étoiles et des galaxies lointaines.

La colonisation future par l'humanité de différentes planètes et structures stellaires pourrait nécessiter de repenser notre compréhension du temps. Si les humains établissent des colonies durables sur des planètes lointaines, le passage du temps pourrait revêtir de nouvelles significations, car les colonies extraordinaires perçoivent le temps de manières divergentes en raison de leur position dans l'espace-temps. De telles observations pourraient remettre en question notre conception actuelle du temps et de la connaissance, car des individus situés à des endroits différents de l'univers pourraient exister dans des réalités temporelles distinctes.

De plus, la poursuite des voyages interstellaires devrait ouvrir la voie à des États-nations à l'expérience temporelle totalement inédite. À mesure que nous développons la capacité de voyager plus vite que la lumière ou de gouverner l'espace-temps, notre perception même du temps devrait évoluer. La capacité à rencontrer d'autres modes de vie, des bureaucraties ou des civilisations qui perçoivent le temps différemment pourrait également conduire à une profonde réévaluation des interactions entre le temps et la vision, ouvrant la voie à une expérience de la réalité plus riche et plus complexe.

À mesure que l'humanité progresse, nous pourrions également être confrontés à des questions existentielles sur le sort du temps et de la concentration. Si le temps est une dimension finie, doit-il finalement prendre fin ? Si l'univers lui-même est en voie de disparition, comme le suggèrent des théories telles que la disparition thermique de l'univers ou le grand gel, quelles conséquences cela a-t-il sur la conscience ? La concentration a-t-elle une fin, ou devrait-elle transcender les limites du temps ?

Certains philosophes et scientifiques soutiennent que l'attention pourrait ne pas être limitée par les lois physiques du temps. Au contraire, elle pourrait exister indépendamment, soit dans une dimension supérieure, soit sous une forme transcendant l'univers physique. Si tel est le cas, le destin du temps et de la conscience pourrait ne pas être lié à celui de notre univers physique, mais exister sous une autre forme, plus éternelle ou cyclique.

À mesure que l'humanité progresse dans la connaissance de la nature du temps et de la conscience, nous pourrions également en venir à considérer le temps non plus comme un flux inévitable et irréversible, mais comme un élément de la vie plus fluide et malléable. L'avenir du temps et de la conscience redéfinira non seulement l'évolution humaine, mais apportera également des réponses à certaines questions personnelles sur l'existence, l'existence et la nature même de la vérité.

L'avenir du temps et de l'attention représente les possibilités infinies de l'évolution humaine. À mesure que nous repoussons les limites du savoir-faire technologique, de la philosophie et de la technologie, les prochaines étapes de notre développement devraient entraîner une redéfinition du temps, un élargissement de la conscience et une compréhension plus approfondie de l'univers et de notre espace intérieur. Que ce soit grâce aux progrès de l'IA, de l'exploration spatiale ou des états de conscience modifiés, l'humanité est prête à s'adapter de manière à transcender les contraintes du temps linéaire. L'exploration du temps et de l'attention ne modifiera pas seulement notre connaissance de l'univers, mais façonnera également l'avenir de l'humanité, ouvrant de nouvelles perspectives quant à ce que signifie être humain.